GALERIE THÉATRALE

IL SIGNOR PASCARELLO

OPÉRA-COMIQUE EN TROIS ACTES

Par MM. DE LEUVEN et BRUNSWICK

Musique de M. HENRI POTIER

Représenté pour la première fois, à Paris, sur le Théâtre de l'Opéra-Comique le 24 août 1848.

PRIX : 60 CENT.

PARIS

AU MAGASIN CENTRAL DE PIÉCES DE THÉATRE

ANCIENNES ET MODERNES

Rue de Grammont, 14

IL SIGNOR PASCARELLO,

OPÉRA-COMIQUE EN TROIS ACTES,

Par MM. DE LEUVEN ET BRUNSWICK,

Musique de M. HENRI POTIER,

Représenté, pour la première fois, à Paris, sur le théâtre de l'Opéra-Comique, le 24 août 1848.

DISTRIBUTION DE LA PIÈCE :

PERSONNAGES.	ACTEURS.	PERSONNAGES.	ACTEURS.
PASCARELLO,	M. MOCKER.	LA TOURIÈRE,	Mme BLANCHARD.
GAETANO, son filleul	M. JOURDAN.	ÉLÈVES DU PENSIONNAT DE SANTA-MARIA.	
Le COMMANDEUR	M. GRIGNON.		
BARBARA, gouvernante de Pascarello	Mme TRISART.	CHORISTES DU THÉÂTRE DE L'OPÉRA DE FLORENCE.	
PAULA, pensionnaire du couvent de Santa-Maria	Mlle LAVOYE.	HOMMES ET FEMMES.	

La scène se passe en 1750, à Florence. — Le premier acte, au couvent de Santa-Maria. — Le deuxième, au théâtre de l'Opéra de Florence. — Le troisième, au couvent.

ACTE PREMIER.

Le théâtre représente une salle du pensionnat du couvent de Santa-Maria. Une fenêtre et une porte au fond, portes latérales, tableaux accrochés aux murs ; à droite, une autre petite porte cachée dans la boiserie ; un clavecin à gauche ; table pour écrire, fauteuils, chaises, etc.

SCÈNE I.

LA TOURIÈRE, PAULA.

LA TOURIÈRE, *tenant Paula par la main.* Entrez, mon enfant !... entrez !... votre protecteur ne tardera pas à arriver... « Sœur tourière « (m'a dit ce matin madame la Supérieure), à « l'heure accoutumée, vous conduirez Paula « dans la salle boisée. » Nous y voici. « Au si- « gnal convenu, vous fermerez les volets... Que « la salle soit obscure !... Vous ouvrirez ensuite « la petite porte qui donne sur la rue de Rome. » (*Elle désigne une porte à droite.*) La voilà !... « Vous laisserez Paula seule avec son protecteur. » Par Santa-Maria, je ne saurais oublier le moindre détail... Voilà déjà longtemps que cela dure.

PAULA. Mon Dieu !... ma sœur... ne saurais-je jamais pourquoi ?...

LA TOURIÈRE. Encore des questions, mon enfant !

PAULA. Ne vous fâchez pas, ma sœur... Mais il me semble que vous devez connaître cet homme qui ne me parle que dans l'obscurité .. qui se tait quand je le questionne sur ma famille...

LA TOURIÈRE. A toutes vos demandes, je répondrai comme toujours... je ne sais rien... et c'est la vérité... Voyons !... je vous engage à ne pas vous tourmenter ainsi !... Mon Dieu !... laissez aller les choses, mon enfant !... Cet inconnu paie pour vous une forte somme au pensionnat du couvent de Santa-Maria... Grâce à lui, votre éducation sera brillante... La reconnaissance...

PAULA. Oui, par reconnaissance, je devrais aimer mon bienfaiteur... Ah ! je suis ingrate, ma sœur...

LA TOURIÈRE. Que dites-vous là ?... Il faut,

Nota. S'adresser pour la mise en scène à M. L. PALIANTI, au théâtre de l'Opéra-Comique.

1848

au contraire... (*Prêtant l'oreille.*) Un équipage s'est arrêté, je crois... Oui... Vite, exécutons les ordres de madame la Supérieure... (*On frappe doucement à la petite porte de la rue.*) On y va!... (*Elle ferme les volets de la fenêtre; le théâtre devient totalement obscur; elle se dirige ensuite à tâtons, et ouvre la petite porte de droite; le Commandeur paraît.*)

SCÈNE II

LES MÊMES, LE COMMANDEUR.

LE COMMANDEUR, *à demi-voix.* C'est moi, Madame...
LA TOURIÈRE. Entrez!...
LE COMMANDEUR. Paula est ici?
LA TOURIÈRE. Oui, Monsieur.
LE COMMANDEUR. C'est bien!... laissez-nous... (*La Tourière sort par la petite porte et la referme.*) Paula!
PAULA. Monsieur?
LE COMMANDEUR. Vous êtes loin de moi, je crois?... Approchez, mon enfant... Donnez-moi votre main... Vous tremblez?...
PAULA. Oui, je ne puis me défendre...
LE COMMANDEUR. De la crainte avec moi... qui suis votre meilleur ami... qui ai pris soin de votre enfance!...
PAULA. Eh bien, Monsieur, puisque vous avez un peu d'amitié pour moi..., déchirez enfin le voile qui couvre le secret de ma naissance... Mon père!... ma mère!... S'ils vivent encore, que je les connaisse! que je puisse les aimer!...
LE COMMANDEUR. Vos parents, Paula?... (*Après un moment de réflexion.*) Vos parents..., ils existent!...
PAULA, *vivement.* Quel bonheur!...
LE COMMANDEUR. Oui, mais vous ne devez jamais les connaître.
PAULA, *vivement.* Et pourquoi, Monsieur?...
LE COMMANDEUR. Pourquoi? parce qu'ils seraient perdus... si l'on savait les liens qui les attachent à vous.
PAULA. Perdus! dites-vous?
LE COMMANDEUR. Déshonorés!...
PAULA. Déshonorés!.. Alors ils ne doivent pas m'aimer!...
LE COMMANDEUR. Vous vous trompez, Paula, vous leur êtes bien chère.
PAULA. Oh! dites encore qu'ils m'aiment!... cela adoucit un peu le chagrin que je ressens de ne pas les connaître... Ils m'aiment?... Oh! maintenant leur repos, leur honneur, me sont précieux.. Qu'ils gardent le silence, Monsieur!... Que le mystère qui cache ma naissance, demeure impénétrable... Vous l'avez dit... en le divulguant, mes parents seraient perdus...
LE COMMANDEUR, *à part.* Pauvre enfant!...
PAULA. Mais vous, Monsieur, qui m'êtes étranger... pourquoi vous cacher à mes yeux?... pourquoi ces précautions?...

LE COMMANDEUR. Mes traits doivent toujours vous rester inconnus.. Un mot, un geste, involontaires, pourraient trahir un important secret... J'ai dû m'entourer de prudence jusqu'à votre prise de voile.
PAULA, *vivement, et avec désespoir.* Prendre le voile!... Moi!... moi!...Oh! non, jamais!..

DUO.

LE COMMANDEUR.
Paula, que dites-vous?...

PAULA.
Monsieur, ah! par pitié! je tombe à vos genoux!...

LE COMMANDEUR.
Pour l'honneur de votre famille,
Mon enfant il faut obéir!

PAULA.
Hélas! je me sens défaillir!
(*Avec désespoir.*)
Épargnez une pauvre fille..
Ne brisez pas mon cœur...
Le cloître me fait peur!...

LE COMMANDEUR.
Pourquoi cette frayeur?

PAULA.
Le cloître me fait peur!...

LE COMMANDEUR.
Calmez cette frayeur.
Ah! croyez-moi, Paula, dans cet asile
Vos jours heureux s'écouleront en paix.
Le bruit du monde et l'éclat de la ville
Donnent, hélas! et douleurs et regrets.

PAULA.
Cédez, de grâce, à ma prière.
Retardez l'instant solennel!...

LE COMMANDEUR.
Paula, pensez à votre mère!..

PAULA, *émue.*
Ma mère!...

LE COMMANDEUR.
Elle a voué sa fille au ciel!...

PAULA.
Elle a voué sa fille au ciel!...

LE COMMANDEUR.
O mon enfant, pensez à votre mère,
Et votre cœur bientôt obéira..,
Accomplissez son vœu sur cette terre,
Sa douce voix toujours vous bénira.

PAULA, *avec égarement.*
Ma mère, hélas!... mais lui!.. c'est impossible!..

LE COMMANDEUR.
Que dites-vous?...

PAULA.
Soyez sensible!...

LE COMMANDEUR.
On a fixé votre destin;
Pour le changer tout effort serait vain!...
(*Il se dirige vers la porte de droite.*)

PAULA.
Quoi! vous partez?...

LE COMMANDEUR.
A demain! à demain!
Ma chère enfant, sans résistance,

Il faut, il faut nous obéir !
Vous nous devez obéissance
Pour échapper au repentir.

PAULA.
C'en est donc fait, plus d'espérance !
Et rien ne peut vous attendrir !
Point de pitié pour ma souffrance...
Mon pauvre cœur doit obéir !...

(*La Tourière, à la fin de l'ensemble, a reparu à la porte de droite. — Elle guide le Commandeur qui sort.*)

SCÈNE III.

PAULA, LA TOURIÈRE.

PAULA, *à part, avec désespoir*. Le voile !... prendre le voile !... le puis-je, à présent ?

LA TOURIÈRE, *qui a fermé la petite porte à double tour, rouvre les volets et dit à Paula, qui paraît réfléchir profondément*: Mon Dieu ! qu'avez-vous ?... Comme vos traits sont altérés !

PAULA *cherchant à se remettre*. Moi ?... rien, ma sœur, je n'ai rien !...

LA TOURIÈRE. Allons, tant mieux !... car, vous le savez... il nous faut toute votre gaieté... votre enjouement ordinaires.

PAULA, *cherchant à sourire*. Oui, ma sœur, je n'ai pas oublié que c'est demain la fête de madame la Supérieure...

LA TOURIÈRE. Il serait beau que vous l'eussiez oublié !... vous, surtout, qui chanterez la partie principale dans le petit intermède musical que ce brave signor Pascarello, le maître de chant du pensionnat, a fait composer, exprès pour la circonstance, par Gaëtano, son filleul.

PAULA, *à part, avec émotion*. Gaëtano !... Mon Dieu ! que dira-t-il, quand il apprendra ?..

LA TOURIÈRE. Quel talent dans un homme aussi jeune que Gaëtano ! Et puis, ce qui est encore au-dessus de tout cela, c'est la conduite, la moralité du filleul du signor Pascarello. Depuis un an qu'il vient au pensionnat du couvent remplacer parfois son parrain, on n'a pas eu le moindre reproche à lui faire... Quelle timidité !... quelle retenue !... Aussi, madame la Supérieure l'a pris en amitié... Elle a une confiance en lui !...

PAULA, *avec effort*. C'est qu'elle est méritée !

LA TOURIÈRE. Sans doute !... car s'il en était autrement !...

PAULA, *à part*. O mon Dieu !... si l'on savait !...

(*On entend sonner deux heures.*)

LA TOURIÈRE. Deux heures !... Le signor Pascarello devrait être ici depuis longtemps pour la leçon de musique... Je vais avertir vos compagnes... Vous les attendrez dans cette salle, n'est-ce pas ? (*Elle sort.*)

SCÈNE IV.

PAULA, *seule*.

ROMANCE.

Premier couplet.

Nous séparer, c'est impossible,
Il m'aime tant !
Devrais-je donc être insensible
A son serment ?
Loin de lui supporter la vie,
Je ne pourrais ;
N'entendre plus sa voix chérie,
Ah ! j'en mourrais.

Deuxième couplet.

Devant les autels abaissée,
Matin et soir,
J'ai voulu bannir sa pensée,
Mais fol espoir !
Lorsque j'implorais, eu échange,
Un saint appui,
Quand je pensais à mon bon ange,
C'était à lui !

(*Parlé sur la ritournelle de la romance.*)

Mais que Gaëtano apprenne vite !... (*Elle se met à une table et lit tout haut ce qu'elle écrit.*) « Un grand malheur est près de nous frapper... L'inconnu sort d'ici... il veut que je prenne le « voile. Ah ! plaignez moi... je suis bien malheureuse... Je m'arrête, les larmes m'empêchent de continuer... » Maintenant, comme d'habitude, ce billet... là... (*Elle le cache derrière un tableau.*)

SCÈNE V.

PAULA, LA TOURIÈRE, RELIGIEUSES, JEUNES PENSIONNAIRES, *puis* PASCARELLO *et* GAËTANO.

(*Les jeunes pensionnaires se précipitent sur le théâtre en courant.*)

CHŒUR.

Allons,
Rions,
Sautons,
Chantons !
Jouer, courir,
Quel doux loisir !
Allons,
Rions,
Sautons,
Chantons !
La musique, quel doux plaisir !
En ces lieux vient nous réunir.

(*Elles se livrent à différents jeux.*)

PAULA, *à l'écart*.

Que leur insouciance extrême,
Hélas !... fait envie à mon cœur...
Il est donc vrai, lorsque l'on aime,
On perd le calme et le bonheur.

Reprise du chœur.
Allons,
Rions, etc.

SCÈNE VI.

LES MÊMES, PASCARELLO, GAETANO.

(Toutes les jeunes filles entourant Pascarello, et avec volubilité :)

CHOEUR.

Ah! c'est notre maître de chant,
Si bon, si doux, si complaisant,..
Honneur, honneur, cent fois honneur..
A notre savant professeur!

AIR.

PASCARELLO.

Vive la musique!
Cet art sympathique,
Magique,
Énergique,
N'offre que des douceurs!
Vive la musique!
Son charme électrique,
Toujours magnétique,
Enchaîne les cœurs.
Quand je viens presto
A ma vue, aussitôt,
Chacun dit : Bravo,
Signor Pascarello!!

Vive la musique, etc.

Oui, dès que je parais,
On m'entoure, on m'envie;
Je dois de grands succès
Au Dieu de l'harmonie!
Je suis le descendant
D'Orphée, et je puis dire
Qu'à moi seul, en mourant,
Il a légué sa lyre.

LES PENSIONNAIRES.

Honneur, honneur, cent fois honneur
A notre savant professeur!

PASCARELLO.

Ah! vous me flattez trop par ces charmants discours;
Mais ne vous gênez pas, allez, allez toujours!

Vive la musique, etc.

(Pendant que les pensionnaires entourent Pascarello et lui font encore des amitiés, Gaetano s'est approché avec précaution de Paula abattue qu'il a observée avec anxiété.)

GAETANO, *rapidement, à mi-voix*.

Répondez-moi, de grâce,...
Vous me semblez souffrir...

PAULA, *de même*.

Un malheur nous menace :
On va nous désunir.

GAETANO, *vivement*.

Ah! que viens-je d'apprendre?

PAULA, *avec frayeur*.

Dieu!.. l'on peut vous entendre!..

(Elle lui montre rapidement le tableau en lui indiquant qu'un billet est placé derrière.)

PASCARELLO, *aux pensionnaires*.

Allons, sans plus attendre...
Livrons-nous ardemment
A l'étude du chant...
Le chant! ce mot, vraiment,
M'électrise à l'instant.
Rien n'est beau que le chant.
Ah! c'est la plus noble conquête
Qu'ici bas l'homme ait jamais faite :
On arrive à tout par le chant!
A l'étude fidèles,
Allons, Mesdemoiselles,
Commençons!...

(Il va s'asseoir près du clavecin qu'il ouvre, et fait quelques accords ; toutes les pensionnaires l'entourent, excepté Paula Gaetano, qui a pris connaissance de la lettre qui était derrière le tableau, se rapproche vivement de Paula.)

GAETANO, *bas à Paula*.

Quels projets!...
Pour notre amour quel coup terrible !...
Nous désunir!.., c'est impossible!..
Nous séparer!.. jamais! jamais!..

PASCARELLO, *au clavecin, se retournant vers Paula*.

Paula, ma chère, venez donc
Prendre part à notre leçon...

(Paula, toute troublée, s'éloigne vivement de Gaetano et s'approche du clavecin.)

PASCARELLO.

Attention!.. ensemble, et bien d'accord;
Ici, vocalisons d'abord...

(Toutes les jeunes filles se mettent à chanter dans différents tons.)

Assez!.. assez!.. Qu'entends-je! O ciel!..
C'est vraiment la tour de Babel...
Recommençons...

(On sonne les cloches à l'extérieur.)

Quel nouveau bacchanal?..

LA TOURIÈRE.

Du goûter c'est le signal...

CHŒUR, *avec joie*.

Du goûter c'est le signal.

PASCARELLO.

Le goûter peut bien attendre,...
Continuons la leçon...

LA TOURIÈRE.

Non pas; après goûter, vous pourrez la reprendre...
Il faut suivre avant tout l'ordre de la maison.

CHŒUR.

La cloche nous appelle
Au goûter!.. au goûter!..
Puis après, avec zèle,
Nous reviendrons chanter.
Au réfectoire, allons!
Courons!..

(Elles sortent toutes en sautant, excepté Paula qui les suit lentement et avec tristesse.)

SCÈNE VII.

PASCARELLO, GAETANO.

PASCARELLO, *se croisant les bras*. Délaisser la musique pour des confitures et des macarons!

GAETANO, *à part, absorbé dans ses réflexions*. Que faire?... que devenir?..

PASCARELLO, *l'examinant*. Qu'as-tu donc? tu parais tout abattu, mon garçon!

ACTE I, SCÈNE VIII.

GAETANO. Moi?... mais non, mon parrain.

PASCARELLO. Allons, allons... je vois ce que c'est. Demain, on exécutera ici l'intermède musical que tu as composé pour la fête de madame la Supérieure? l'auditoire sera nombreux et choisi!... et voilà la peur qui déjà commence à te galoper... Enfant, rassure-toi! c'est un petit chef d'œuvre que tu as écrit là...

GAETANO. Mon parrain, vous dites cela parce que vous m'aimez...

PASCARELLO. Du tout!... il y a, dans ton intermède, des choses, vois-tu!... Tiens, quand le père fait des reproches à sa fille, c'est magnifique d'imitation!... (Solfiant.) Ut, si, ré, si, la, fa, mi, fa, mi, fa, mi!... Voilà bien un père vénérable, faisant des reproches à sa fille!... ut, ré, mi, fa, mi! fa! mi fa!

GAETANO. Décidément, mon parrain, vous me faites des compliments.

PASCARELLO. Et quand cela serait? n'est-ce pas naturel?... toi, mon élève, mon enfant d'adoption! n'ai-je pas juré devant Dieu de remplacer ton père et ta mère qui ne sont plus?

GAETANO, avec sensibilité. Mon bon parrain !

PASCARELLO. Tu seras un jour l'orgueil de notre belle Italie!... c'est ce que j'ai affirmé hier encore devant Barbara ma gouvernante. A propos de Barbara, il me semble qu'elle est en retard.., je lui avais pourtant bien dit d'être ici à trois heures et d'apporter les parties d'orchestre de ton intermède... (Il tire sa montre.) Trois heures un quart!

GAETANO. Je crois que vous avancez, parrain.

PASCARELLO. C'est possible!... mais n'importe, Barbara devrait déjà... Ah! la voilà... encapuchonnée dans sa mante!... Est-elle frileuse! je vous le demande?

SCÈNE VIII.

LES MÊMES; BARBARA, enveloppée dans une mante noire et tenant un paquet de musique sous le bras.

BARBARA, de mauvaise humeur. Frileuse!... pardine, je crois bien... délicate, comme je le suis!... (Posant la musique sur le clavecin.) Tenez, voilà votre musique...

PASCARELLO. Voyons si vous n'avez rien oublié... je crains sans cesse que vous ne fassiez quelque gaucherie...

BARBARA. Des gaucheries!... des gaucheries!... voilà toujours comme vous êtes, monsieur Cocoméro...

PASCARELLO. Chut! voulez-vous bien vous taire, malheureuse! M'appeler Cocoméro!.. ici!... Au théâtre, tant que vous voudrez, puisque c'est le nom de guerre que j'ai pris en recevant ma nomination de chef des chœurs!.. mais dans cette sainte maison, si l'on savait que je fais partie du Grand Opéra de Florence, que j'y loge même, que trois fois par semaine j'ai des roseaux sur la tête, ou des ailes dans le dos, je serais gentil!... on me chasserait comme un suppôt de Satan.

GAETANO. Ne la grondez pas, mon parrain.

BARBARA, se débarrassant de sa mante qu'elle pose sur une chaise. Ah! mon Dieu!... laissez-le se mettre en colère tout à son aise... j'y suis habituée.

PASCARELLO, avec étonnement. Vous y êtes habituée, Barbara? voilà du nouveau!... n'ai-je pas les égards pour vous? Tous les travaux pénibles, je vous les épargne... vous faites mon chocolat; votre aiguille s'exerce sur mes manchettes; vous frottez l'appartement; vous mettez le vin en bouteilles et vous fendez le bois... vous avez une position sociale!...

GAETANO. Le fait est que mon parrain vous traite plutôt en artiste..

PASCARELLO. Et la preuve, c'est que dans ton intermède je lui confie le rôle du pontife!... Dieu, que Barbara sera belle en pontife!... avec une barbe....

BARBARA. Pardine, vous avez bien été forcé de me prendre..., vos pensionnaires, ça vous a des voix comme des filets de vinaigre!...

PASCARELLO. Ça c'est vrai; quand elles chantent, on dirait des portes qui s'ouvrent ou qui se ferment... et à l'exception de la gentille Paula...

BARBARA, de mauvaise humeur. Ah! vous voilà encore avec votre Paula, votre élève de prédilection!

GAETANO, vivement. Mais mon parrain a parfaitement raison de l'aimer!...

PASCARELLO, avec chaleur. Elle est charmante! c'est un ange... (A part.) pour lequel on se damnerait volontiers!

GAETANO, à part. Quel plaisir il me fait en parlant ainsi! (Il va vers le fond et regarde au dehors comme s'il cherchait à apercevoir Paula.)

BARBARA, piquée. Paula! depuis quelque temps vous ne songez qu'à elle!... cependant autrefois vous vous occupiez d'autres personnes... qui le méritaient autant... Mais les hommes!... les hommes!... c'est si ingrat!... si girouette!...

PASCARELLO, impatienté, fredonne tout haut pour couvrir la voix de Barbara. Chut! Barbara, est-ce que nous allons recommencer? tra, la, la.

BARBARA. Et ces personnes-là devaient pourtant compter sur vos promesses, sur vos serments. Confiantes dans vos paroles... elles ont eu la faiblesse d'y croire... Ah! c'est bien mal, une pauvre innocente comme moi, qui vous suis si attachée...

PASCARELLO. Au nom du ciel, taisez-vous, Barbara; songez à nos conventions! Comme il vous est impossible de ne pas bougonner, je vous ai accordé le jeudi et le dimanche pour ça... C'est aujourd'hui vendredi!... vous empiétez, ma chère amie!...

BARBARA, s'attendrissant. Le chagrin, ça ne peut pas se remettre à la semaine suivante.

PASCARELLO, bas. Voyons, séchez vos larmes!

songez que nous sommes dans un pensionnat de couvent... si l'on vous voyait dans cet état... que penserait on?.. Tenez!.. (Désignant la porte du fond.) entrez là, dans le pavillon du jardin... vous y trouverez votre amie... la sœur Apothicaire qui a ses petits rhumatismes!... vous la désennuierez par votre agréable conversation, chère amie...

BARBARA, *sortant en sanglotant.* Chère amie!... chère amie!... Vous vous conduisez joliment, monsieur Cocoméro!...

PASCARELLO, *la poussant vers la porte au fond, à gauche.* Assez, assez!.. entrez là, vous dis-je!... on vous appellera quand nous nous en irons.

(*Barbara sort.*)

SCÈNE IX.

PASCARELLO, GAETANO, puis PAULA.

PASCARELLO, *à Gaëtano qui est rentré en scène.* Cette Barbara, est-elle inconséquente!... m'appeler Cocoméro! ici!... m'exposer à perdre une excellente place et dont tu auras la survivance!... Soixante et quinze ducats par mois!... c'est magnifique! Tiens, si par sa faute, ou celle de tout autre, j'étais remercié, dans ma colère, je ne sais...

GAETANO. Et moi qui allais tout lui avouer!... maintenant, c'est impossible!

PASCARELLO, *voyant entrer Paula, allant à elle.* Ah! toujours la première quand il s'agit d'étudier notre bel art!.. Quel zèle!... quelle exactitude!... Depuis un an, la signora n'a pas manqué une seule de nos leçons... c'est exemplaire!

PAULA, *regardant Gaëtano.* Ah! c'est que, depuis un an, j'aime beaucoup la musique.

PASCARELLO, *avec orgueil.* Et surtout à l'étudier avec votre vieux professeur? mais quand je ne puis pas venir et que c'est Gaëtano qui me remplace?...

GAETANO, *vivement.* Absolument la même chose, mon parrain.

PASCARELLO. Décidément, c'est une vocation... Craignez de perdre ces belles dispositions, signora... Vite à l'œuvre! vous allez chanter la partie que vous exécuterez demain... (*Il s'approche du clavecin.*)

GAETANO, *bas à Paula, pendant que Pascarello cherche parmi les papiers de musique.* Paula, je suis au désespoir!

PAULA, *bas.* Peut-être mon protecteur se laissera fléchir.

GAETANO, *bas.* Non... tout me dit que je vais vous perdre ; un seul moyen me reste... il faut fuir le couvent.

PASCARELLO. Eh bien, Gaëtano, que fais-tu donc?

GAETANO, *interdit.* Je donnais de bons conseils à la signora.

PASCARELLO. Sur la musique?... Ah! signora, il faut écouter tous ses avis... il ne peut en donner que d'excellents!

GAETANO. N'est-ce pas, mon parrain?

PASCARELLO. Je crois bien!... d'ailleurs nous allons répéter ta musique avec soin... (*A Paula, en lui donnant un papier de musique.*) Commençons!

SCÈNE X.

LES MÊMES, LA TOURIÈRE.

LA TOURIÈRE, *entrant, à Paula.* Arrêtez, mon enfant!

PASCARELLO. Pourquoi cela?

LA TOURIÈRE. A partir de ce moment, Paula ne doit plus s'occuper de ces plaisirs mondains.

PAULA. Qu'y a-t-il donc?

GAETANO, *à part.* Je tremble de deviner!

LA TOURIÈRE. Madame la Supérieure vient de m'annoncer que le protecteur de la jeune signora exigeait qu'elle sortît à l'instant même du pensionnat pour entrer au couvent.

PAULA, *à part.* Oh ciel!

LA TOURIÈRE, *à Paula.* Je vais vous conduire et vous donner des habits de novice... dans un mois vous prononcerez vos vœux.

PAULA, *à part.* Plus d'espoir!...

GAETANO, *à part.* Perdue!... perdue pour moi!...

LA TOURIÈRE, *le regardant.* Eh! mon Dieu! signor Gaëtano... qu'avez-vous?... pourquoi cette émotion?...

PAULA, *à part avec douleur.* Comme il m'aime!...

PASCARELLO, *courant à Gaëtano.* Eh bien, eh bien, mon enfant... qu'est-ce que cela veut dire de s'affecter ainsi? tu n'auras pas ta première chanteuse... c'est vrai... mais ce n'est pas une raison pour se rendre malade.

LA TOURIÈRE, *à Gaëtano.* Comment!... pour un pareil motif?...

PASCARELLO. Mais il n'en faut pas davantage à nous autres artistes... à la moindre contrariété dans ce qui regarde notre art... les nerfs se mettent de la partie...

LA TOURIÈRE. Mais j'y pense... une autre pensionnaire ne pourrait-elle pas remplacer Paula?..

PASCARELLO, *se récriant.* Ah!... quand elles chantent, ça me donne des frissons...

GAETANO, *à Pascarello d'un air suppliant.* Mon parrain... je vous en prie!... allez trouver madame la Supérieure... suppliez-la de retarder de deux jours l'entrée de la signora au couvent... vous lui expliquerez...

PASCARELLO, *vivement.* Oui, mon garçon, j'y cours... (*A la Tourière.*) Vous, signora, vous attendrez mon retour, n'est-ce pas, avant de conduire Paula?

LA TOURIÈRE. Très-volontiers, signor Pascarello.

PASCARELLO, *à Gaëtano.* Sois tranquille... je vais chaudement plaider ta cause auprès de la Supérieure! je vais parler!... je serai d'une élo-

quence!... Malheureusement elle est sourde!...
n'importe!... je crierai comme un aveugle!...
(Il sort vivement.)

SCÈNE XI.

GAETANO, LA TOURIÈRE, PAULA.

GAETANO, à la Tourière. Dites-moi.. croyez-vous, signora, que mon parrain réussisse?
LA TOURIÈRE. J'en doute!... Madame la Supérieure voudra suivre les instructions qu'on lui a données... elles sont positives.
GAETANO, à part, regardant Paula. Il faut que je lui parle encore une fois... Mais comment rester seul avec elle?...
LA TOURIÈRE. Du reste, je ne suis pas de l'avis du signor Pascarello, et parmi les camarades de Paula, on pourrait trouver...
GAETANO, bas à Paula. Ne vous effrayez pas.. (Haut.) Ah! mon Dieu!... (Mettant la main sur son front.) Je ne sais ce que j'éprouve. (Il se laisse tomber sur un banc.)
LA TOURIÈRE. Santa Maria!... voilà que ça lui reprend! Ces artistes, comme ça s'affecte!...
GAETANO, d'une voix faible. Ah! je me sens mal..., bien mal...
LA TOURIÈRE, lui tapant dans la main. Voyons, revenez à vous... Et moi qui n'ai pas un flacon sur moi!... Paula, courez à la pharmacie... demandez ce qu'il faut.
PAULA, à laquelle Gaetano fait signe de rester. Je suis si troublée... je ne saurais...
LA TOURIÈRE. Alors, j'y vais moi-même...
GAETANO, feignant de perdre connaissance. Signora!... vite, vite, de grâce!... hâtez-vous!...
LA TOURIÈRE. Ce sont les nerfs... Quelle malheureuse organisation! Je cours chercher ce qu'il faut... (Elle sort troublée par le côté.)

SCÈNE XII.

GAETANO, PAULA.

FINAL. — DUO.

GAETANO.
Nous sommes seuls; pardonnez à ma ruse;
J'ai mis en vous tout mon bonheur;
Ah! que l'amour soit mon excuse,
La crainte de vous perdre, hélas! brise mon cœur.

PAULA.
L'espérance nous est ravie!
Le couvent, oui, voilà tout mon triste avenir...
Je dois, oui, je dois obéir...

GAETANO, avec inspiration.
Non, non, je ne veux pas qu'ainsi l'on sacrifie
Deux cœurs en les désunissant.

PAULA.
Que dites-vous?

GAETANO.
Paula, vous, mon amie,
Il faut fuir cet affreux couvent!

PAULA.
N'espérez pas!...

GAETANO.
Le ciel m'inspire!..
Venez, tout peut nous réussir...
Il faut fuir avec moi!

PAULA.
Ah! grand Dieu! quel délire!..
Arrêtez!.. arrêtez!.. je ne puis consentir...

GAETANO.
O vous, ma seule amie!...

PAULA.
Adieu donc pour la vie!

GAETANO.
Il faut fuir avec moi!

PAULA.
Je dois subir leur loi!

GAETANO.
Quelle douleur m'accable!
Ne dois-je plus la voir!
Ah! le sort implacable
Me livre au désespoir.

PAULA.
Quelle douleur m'accable!
Je ne dois plus le voir!
Ah! le sort implacable
Me livre au désespoir.

ENSEMBLE.
Dieu tout-puissant, Dieu tutélaire,
Prends pitié de notre misère!
O toi, qui vois nos tourments,
Viens sauver deux pauvres amants!

GAETANO, prenant la mante de Barbara, qu'elle a laissée sur une chaise et la jetant sur les épaules de Paula.
De cette mante entourez-vous!
Mon Dieu!.. mon Dieu!.. sois-nous propice;
Protége la!.. protége-nous!..
(Il l'entoure de la mante de manière à cacher ses traits et ses vêtements.)

PAULA, résistant.
Non!...

GAETANO.
Si vous me refusez... au rang de nos soldats
J'irai chercher un prompt trépas.

PAULA.
Mourir!.. grand Dieu!.

GAETANO.
L'on vient... De la prudence!
Pour vous protéger, je suis là!..
(Il va fermer la porte de la chambre où Barbara est entrée, puis revient se placer devant Paula, qui s'est retirée un peu à l'écart dans le fond.)

SCÈNE XIII.

LES MÊMES, PASCARELLO.

PASCARELLO, tristement.
Eh bien, mon enfant, me voilà
Sans bonne nouvelle à t'apprendre...
L'abbesse ne veut rien entendre...
Et ta jeune prima donna
Tout à l'heure, au cloître entrera.
Longue pourtant fut ma supplique;
Je suis las de ma rhétorique.

(*Il s'assied sur le banc où Gaetano a feint de se trouver mal.*)
Console-toi, mon pauvre ami.

GAETANO.
Merci, mon parrain, grand merci!...
J'avais déjà pris mon parti.

PAULA, *à part.*
Ah! si l'on me voyait ainsi!
D'effroi tout mon cœur a frémi!

SCÈNE XIV.

LES MÊMES, LA TOURIÈRE.

LA TOURIÈRE, *s'élançant vers Pascarello qu'elle prend pour Gaetano et à qui elle fait respirer une fiole sans le regarder.*
Vite, respirez-moi ceci!

PASCARELLO, *éternuant.*
Quelle horreur!

LA TOURIÈRE, *montrant Gaétano.*
Tiens, ce n'est pas lui!..
Il se trouvait si mal!...

PASCARELLO, *se levant et courant à Gaëtano.*
Comment?..
Il serait vrai!.. mon pauvre enfant...

GAETANO, *jetant un regard sur Paula.*
Rassurez-vous... je suis bien maintenant!...

LA TOURIÈRE.
Et Paula, je vous prie?..

GAETANO.
Me voyant mieux, elle est partie.

LA TOURIÈRE.
Je cours la rejoindre à l'instant;
Car, j'en suis sûre, elle m'attend
Pour la présenter au couvent!
(*Elle sort vivement.*)

SCÈNE XV.

PASCARELLO, GAETANO, PAULA.

GAETANO, *à Pascarello, vivement.*
Allons, parrain, l'heure avance;
Je suis certain qu'à l'Opéra
On désire votre présence.

PASCARELLO.
C'est à cinq heures qu'on commence...
Partons!.. Barbara n'est pas là?..
(*Appelant.*)
Barbara!

GAETANO. *Il montre Paula qui se tient à l'écart.*
Barbara... la voilà...

ENSEMBLE.

PAULA, *avec anxiété, à part.*
Je tremble, je chancelle;
Dois-je rester ou fuir?
Une crainte mortelle
Vient ici me saisir.

PASCARELLO ET GAETANO.
Artistes pleins de zèle,
Allons, il faut partir...
Le devoir nous appelle,
Hâtons-nous d'obéir.

PASCARELLO, *qui est allé prendre sa canne et son chapeau.*
Allons, Barbara, ma très-chère,
Allons, donnez-moi votre bras...
Cheminons comme à l'ordinaire.
(*Faisant un pas vers Paula.*)
Quoi! vous ne me répondez pas?
Eh bien, Barbara, ma bobonne...
Parlerez-vous?

GAETANO, *l'arrêtant.*
Mon cher parrain,
Il faut ici qu'on lui pardonne...
La pauvre fille a du chagrin...

PASCARELLO, *souriant.*
La querelle de ce matin...
Elle boude... mais, en chemin,
Son humeur passera soudain...

GAETANO, *de même.*
Laissez bouder la pauvre femme...
En silence, elle nous suivra...
Sur moi votre bras s'appuiera...
Et pour aujourd'hui je réclame,
Mon cher parrain, ce bonheur-là!
(*Voulant l'entraîner.*)
Allons!.. venez!

PASCARELLO, *dégageant son bras.*
Non pas, oui-da!..
Je n'aime pas la bouderie...
Et d'un mot tout se calmera.
Tu vas le voir.
(*Malgré Gaëtano, il passe à côté de Paula qui détourne vivement la tête.*)

PAULA, *à part.*
Je suis anéantie!..

GAETANO, *vivement, à Pascarello qui va pour prendre la main de Paula.*
Mais sans nous l'on commencera..
Quatre heures...
(*Il lui fait voir sa montre dont il vient d'avancer rapidement les aiguilles.*)

PASCARELLO.
Quatre heures, déjà!...
Vite, au devoir il faut nous rendre.
Partons!.. partons sans plus attendre!
(*Gaetano prend le bras de Pascarello et va l'entraîner, lorsqu'on entend frapper à la porte de la chambre, au fond. S'arrêtant :*)
Mais qu'entends-je? qui frappe là?

GAETANO, *à part, avec terreur.*
Grand Dieu !... c'est Barbara !...
(*On frappe de nouveau.*)

PASCARELLO.
Il faut ouvrir...
(*Il veut aller vers la porte.*)

GAETANO, *le retenant.*
Gardez-vous de le faire!...
C'est une pensionnaire
Que l'on vient d'enfermer là...
Pour une faute légère...
Mais l'on nous attend...
Partons à l'instant.

ENSEMBLE.

PAULA, *à part.*
Je tremble!... je chancelle;

Allons, il faut partir.
Une crainte mortelle
Vient ici me saisir.
PASCARELLO ET GAETANO.
Artistes pleins de zèle,
Allons, il faut partir,
Le devoir nous appelle,
Hâtons-nous d'obéir.

(*Gaetano entraîne Pascarello, en faisant signe à Paula de les suivre; elle se cache soigneusement le visage dans la mante et les suit en tremblant. Dès que tous trois ont franchi la porte, Barbara frappe de nouveau dans la chambre du fond.*)

BARBARA, *criant.* Signor Pascarello!... signor Gaetano!... mais, ouvrez donc!... je suis enfermée!...

(*Le rideau baisse.*)

ACTE DEUXIÈME.

Le théâtre représente une salle de l'appartement de Pascarello au théâtre. Porte d'entrée au fond; portes latérales, dont l'une est censée donner sur le théâtre. Une table chargée de partitions de musique, de papiers, de registres; un grand fauteuil sur lequel sont des costumes; un petit secrétaire, un buffet, etc., etc. Accessoires de théâtre suspendus aux murs, tels qu'armures, lances, etc., etc.

SCÈNE I.

GAETANO, PAULA.

(*Gaetano fait entrer Paula par la porte du fond. Paula est toujours enveloppée de la mante de Barbara.*)

DUETTO.

GAETANO.
Entrez, entrez bien vite!
PAULA.
Quelle frayeur m'agite!
GAETANO.
En ces lieux, près de moi,
Bannissez tout effroi!..
(*Il la débarrasse de la mante qu'il met sur une table.*)
PAULA.
Mais, où donc m'avez-vous conduite?
GAETANO.
Chez mon parrain... à l'Opéra!..
PAULA.
Grand Dieu! je suis à l'Opéra!..
O ciel!.. mais je serai maudite!..
GAETANO.
On n'est pas damné pour cela.
Rassurez-vous, je vous en prie.
PAULA.
Allons, à vous je me confie;
A vous mon bonheur et ma vie!
GAETANO.
Ne craignez rien,
Tout ira bien;
Prudence et mystère!..
Ah! laissez-moi faire...
Au gré de nos vœux,
Nous serons heureux!
Oui, mon parrain dans sa famille
Vous recevra comme sa fille;
Ce séjour nous protégera,
Bientôt le ciel nous unira!

PAULA.
Prudence et mystère!..
Je vous laisse faire...
Au gré de nos vœux,
Nous serons heureux!
(*Avec crainte.*)
On peut nous surprendre.
GAETANO.
Calme cet effroi!...
L'amant le plus tendre
Veillera sur toi.
PAULA, *écoutant avec frayeur.*
Mais, on vient!.. on vient!..
GAETANO, *montrant la porte d'une chambre à droite.*
Entrez là!..
C'est mon parrain!..
PAULA.
Ah! je crains sa colère...
GAETANO.
Rassurez-vous... car, je l'espère,
Bientôt ma voix l'apaisera.

ENSEMBLE.

PAULA.
Prudence et mystère!
Je vous laisse faire;
Au gré de nos vœux
Nous serons heureux.
Votre parrain dans sa famille
Me recevra comme sa fille;
Ce séjour nous protégera,
Bientôt le ciel nous unira.

GAETANO.
Prudence et mystère!
Ah! laissez-moi faire;
Au gré de nos vœux,
Nous serons heureux.
Oui, mon parrain dans sa famille
Vous recevra comme sa fille;
Ce séjour nous protégera,
Bientôt le ciel nous unira.

GAETANO.
Le voilà!..
Entrez là!..

ENSEMBLE.

Silence!
Prudence,...
Le voilà!

(*Gaetano la fait entrer dans la chambre à droite.*)

SCÈNE II.

GAETANO, PASCARELLO.

PASCARELLO, *entrant, avec colère*. C'est une horreur!... une abomination!...
GAETANO, *à part*. Ah! mon Dieu!.., saurait-il déjà?,..
PASCARELLO, *apercevant Gaetano*. Te voilà, toi... Ah ça! pourquoi diable as-tu quitté mon bras avec tant de précipitation, à la porte du théâtre?...
GAETANO, *avec embarras*. Je vais vous dire, mon parrain... c'est que nous sommes montés ici, par le petit escalier... pour arriver plus vite... cette pauvre Barbara était fatiguée...
PASCARELLO. Ah! si on l'écoute... elle se plaint toujours, celle-là...
GAETANO. Mais, vous grondiez, en entrant, mon parrain... Qu'est-il donc arrivé?...
PASCARELLO. Parbleu!.. comme à l'ordinaire! La moitié de mes choristes est en retard,... et ce soir il me manquera trois de mes plus belles voix! deux ténors et la signora Vermicelli... Son imbécile de mari vient de me faire dire qu'elle ne pourrait pas venir ce soir au théâtre!... pourquoi? parce qu'elle venait de lui donner un héritier... Quelle mauvaise raison! je les flanquerai à une fameuse amende.
GAETANO. Cependant, parrain, le motif qui retient la signora...
PASCARELLO. Du tout... nos règlements ont tout prévu,.. l'Opéra fait relâche trois fois par semaine... tout exprès à cause de ces accidents-là! elle n'avait qu'à choisir son jour... le service avant tout... Mais, comment vais-je faire? au quatrième acte, la Vermicelli devait jouer un rôle... celui de la fontaine de Jouvence... où diable trouver une fontaine?... j'ai bien la signora Rosetta, mais elle a cinquante-sept ans... lui faire jouer la fontaine de Jouvence... qui rajeunit.. on lui rira au nez dans la salle... et ils lui crieront: « Avant de rajeunir les autres, va donc te rajeunir toi-même!... » Ah! mon Dieu! mon Dieu! tout ira de mal en pis... Et le grand chambellan qui sera dans la salle; et moi qui lui ai écrit hier pour lui demander une gratification!... il va me répondre: Oui, vos chœurs chantent bien!... c'est du gentil!...
GAETANO, *cherchant à le calmer*. Voyons, mon parrain...
PASCARELLO. Voilà ce que c'est que de se marier!... on est exposé... on manque son service. (*A Gaetano.*) Vois-tu, un véritable artiste doit rester célibataire... Ne te marie jamais... D'abord, je te refuserais mon consentement...
GAETANO, *à part*. Et moi qui allais lui avouer... attendons qu'il soit plus calme...
PASCARELLO. Allons, il faut, par une bonne tenue, réhabiliter, ce soir, les chœurs de l'Opéra.. je mettrai mon costume neuf... je vais être magnifique en paladin.. un casque à crinière... je serai à croquer... Toi, descends vite au théâtre me chercher la partition.. je veux repasser mon solo... Tu me trouveras dans ma chambre. Dis à Barbara de venir m'aider... (*En sortant.*) Scélérate de Vermicelli!... tu me le paieras...

SCÈNE III.

GAETANO, puis BARBARA.

GAETANO, *seul, entr'ouvrant la porte de la chambre où est Paula, et l'appelant à demi-voix*. Paula!... je viens de voir mon parrain, mais je n'ai pas encore osé lui parler... Il faut que je descende!... je reviens à l'instant.. mettez le verrou et n'ouvrez qu'à ma voix... (*Il referme la porte.*)
BARBARA, *entrant par la porte du fond*. Ah! Santa Maria!... San Barnabé!... quelle aventure!... quel scandale!...
GAETANO. Quoi donc?
BARBARA. Si vous saviez?... au couvent ils sont tout sens dessus dessous, ils courent, ils s'agitent!... Vous n'allez pas me croire.. eh bien!... cette petite Paula, la préférée du signor Pascarello.... sa Benjamine!... enfuie!... envolée!...
GAETANO, *avec crainte*. Et comment a-t-elle pu?...
BARBARA. C'est tout simple... elle a eu l'audace de me mettre sous clef, de s'envelopper dans ma mante... et elle a profité de ce que vous sortiez avec maître Pascarello pour s'échapper du pensionnat du couvent. La Tourière l'a prise pour moi... puisque j'ai l'habitude... Mais, vous autres, comment se fait-il qu'une fois dans la rue, vous ne vous soyez pas aperçus?..
GAETANO, *d'un air d'indifférence*. Nous n'avons pas tourné la tête... nous étions si pressés... (*A part.*) Dieu soit loué! on ne soupçonne rien...
BARBARA. Dites donc... votre parrain, qui vantait sans cesse la signora... quand il saura que la petite sainte nitouche...
GAETANO. Barbara, mon parrain vous attend là... dans sa chambre, pour ses costumes...
BARBARA. C'est bon, mon Dieu!.. on y va!..
GAETANO, *en sortant*. Allez donc, Barbara, allez donc!.. il va s'impatienter...

SCÈNE IV.

BARBARA, seule.

Ses costumes!.., ses costumes!... on a le

temps... Je m'en vais d'abord songer au souper, et mettre d'avance le couvert (*Ouvrant une petite armoire et prenant des assiettes et des verres.*) Fiez-vous donc à ces vertus de jeunes filles... mon Dieu!.. c'est absolument comme les autres... ça n'attend qu'une occasion!.. et crac!.. ça s'enfuit comme une volée de pigeons!.. (*Allant vers la table.*) Par exemple, je suis curieuse de voir la figure que fera le signor Pascarello, quand il apprendra que la signorina dont il était si entiché... (*Apercevant sa mante laissée sur la table.*) Ah! mon Dieu! qu'est-ce que je vois là?... je ne me trompe pas... c'est bien elle... c'est ma mante!.. oui, oui!.. me voilà mise au fait!.. (*Regardant la porte de la chambre où est entré Pascarello.*) Vieux scélérat!.. Ah! tu enlèves des jeunes filles... Quelle horreur!.. Je ne m'étonne plus, s'il m'étourdissait sans cesse de la signora Paula... il en était amoureux... et je n'ai pas deviné... Mais elle doit être ici... je vais joliment... (*Elle ouvre la porte de la chambre où est Pascarello.*) Non!.. il est seul!.. (*Désignant la porte de la chambre où est Paula.*) Là-dedans, peut-être. (*Elle cherche à ouvrir la porte.*) On a mis le verrou!.. (*Elle regarde par le trou de la serrure.*) C'est bien elle!.. Oui, dans ma chambre!.. Quelle infamie!..

SCÈNE V.

BARBARA, PASCARELLO.

PASCARELLO, (*Il a sur la tête un casque de chevalier, et porte une cotte de mailles. Le reste du costume est le même.*) Ah! vous voilà, Barbara! Dites donc, comme j'ai bon air... on croirait voir le dieu Mars se rendant chez Vénus...

BARBARA, *cherchant à se modérer*. Monsieur, veuillez avoir la bonté de me faire mes comptes...

PASCARELLO, *étonné*. Vos comptes?

BARBARA. La femme du confiseur d'en face veut, depuis longtemps, me prendre à son service... Ce soir même, j'entre chez elle...

PASCARELLO, *stupéfait*. Vous me quittez, Barbara!..

BARBARA. Oui, Monsieur.

PASCARELLO. Et pourquoi?..

BARBARA. Parce que...

PASCARELLO. Mais pourquoi?

BARBARA, *exaspérée*. Pourquoi? Ah! c'est trop fort! Tenez, je m'étais bien promis de garder mon sang-froid... mais je n'y tiens plus... ça part... ça déborde!..

AIR TRÈS-VIF.

Affronteur!
Séducteur!
Suborneur!
Imposteur!
Ah! vraiment,
Maintenant,
On sait de vos nouvelles!
C'est affreux!
Odieux!
Dans vos feux

Amoureux,
Mécréant,
Impudent!
Vous en faites de belles!
Ce galant,
Cet amant,
Non content,
A présent,
D'en conter aux actrices!...
Tendrement,
Galamment,
Maintenant,
Au couvent,
Va chercher des novices!
Vous serez bientôt
Puni comme il faut..
Vous serez pendu!..
Peut-être pendu!..
Et moi j'en rirai,
Je me réjouirai,
Car pour ce forfait,
Ça sera bien fait.

Affronteur!
Séducteur! etc.

(*Elle sort furieuse par le fond.*)

SCÈNE VI.

PASCARELLO, puis GAETANO.

PASCARELLO, *tout abasourdi*. Qu'est-ce qu'elle vient de me chanter là?.. Si j'y comprends un mot, je veux en effet être pendu!..

GAETANO, *rentrant*. Parrain, voilà votre partition.

PASCARELLO. Dis-moi donc ce qu'a Barbara. Cette malheureuse Barbara... elle est folle... elle vient de me conter un tas de choses!.. que sais-je?.. Je crois même qu'elle m'accuse d'un enlèvement... Moi!.. à mon âge!.. Quand j'étais jeune, je ne dis pas...

GAETANO, *avec joie*. Vraiment, mon parrain... quand vous étiez jeune?...

PASCARELLO. Ça te fait rire?.. Oui, Monsieur, tel que vous me voyez, j'ai eu, je puis dire, d'innombrables aventures, à l'époque où je professais le chant dans le Bolonais... C'est que j'étais très-recherché dans le Bolonais! J'avais la jambe fine!... élancée, le regard impertinent et provocateur... Les mamans avaient une peur de moi!.. Dès qu'on me voyait passer dans les rues, on faisait rentrer les demoiselles, on fermait les boutiques et les portes cochères... Bref, ma jeunesse a été un roman... en beaucoup de volumes!.. Que d'intrigues!.. que de fois on m'a pris pour confident!.. Tiens, et la preuve (*Montrant le petit secrétaire.*) j'ai là un paquet de lettres qui m'ont été remises... il y a longtemps de cela... Pauvre jeune fille... je n'ai jamais su la fin de cette histoire, et je voudrais bien...

GAETANO *avec joie*. Ainsi, mon parrain, dans votre jeunesse, vous avez été...

PASCARELLO, *se rengorgeant*. Un aimable mauvais sujet.. Je ne reculais devant aucune difficulté... J'ai été jusqu'à l'enlèvement...

GAETANO, *se récriant un peu*. Ah! mon parrain!

PASCARELLO. Eh bien!... qu'est-ce qu'il y a, monsieur le moraliste?... Quand on ne peut pas faire autrement.

GAETANO. C'est égal, parrain... Vous dites?... vous dites?... Je voudrais bien voir que ça m'arrivât, à moi!...

PASCARELLO. J'en serais enchanté, mon garçon. Veux-tu que je te dise?... eh bien! depuis longtemps je voudrais te voir lancé dans une amourette... dans deux ou trois ou amourettes!... Un artiste a besoin d'émotions!... Ça te semble peut-être drôle de m'entendre raisonner ainsi?...

GAETANO, *avec joie.* Non, parrain... et ça me fait le plus grand plaisir!...

PASCARELLO. Eh! c'est la vraie philosophie!..

CHANT.

Premier couplet.

Je ne suis pas de ces frondeurs moroses
Qui, furieux de n'avoir plus vingt ans,
S'ils le pouvaient, supprimeraient les roses
Qu'en leur jeunesse ils cueillaient au printemps.
Il est si doux d'aimer femmes jolies!...
Aux jeunes gens passons quelques folies.
Et vous, vieillards, vous qui grondez si fort,
Si vous pouviez, vous en feriez encor!

Deuxième couplet.

Ayons les goûts et l'esprit de notre âge :
N'espérons pas changer l'ordre arrêté...
Si la jeunesse est légère et peu sage,
Que la vieillesse ait douceur et bonté.
Aux jeunes gens passons quelques folies...
Il est si doux d'aimer femmes jolies!...
Et vous, vieillards, vous qui grondez si fort,
Si vous pouviez, vous aimeriez encor!

GAETANO, *plein de joie.*
Ah! mon parrain! que j'aime ce langage !
Vous le jurez, vous n'en changerez pas?

PASCARELLO.
Jamais, mon cher, car il est bon et sage!

GAETANO, *allant vite ouvrir la porte de gauche.*

Venez, Paula, plus d'embarras!...
Mon parrain vous ouvre ses bras!...

SCÈNE VII.

LES MÊMES, PAULA.

Suite du morceau.

PAULA, *sortant de la chambre, et courant à Pascarello.*

Quel bonheur!...

PASCARELLO, *reculant.*

Quoi! Paula! mais je n'en reviens pas!

GAETANO.

Un amour pur et fidèle
Nous unit depuis longtemps.
Je ne puis vivre sans elle,
Elle a reçu mes serments!...
Mais un arrêt trop sévère
Brisait ce nœud solennel;
Pour notre bonheur sur terre,
J'ai ravi cet ange au ciel!

ENSEMBLE.

GAETANO.

Quand un arrêt trop sévère
Brisait ce nœud solennel,
Pour notre bonheur sur terre
J'ai ravi cet ange au ciel!...

PAULA, *suppliant Pascarello.*

Que votre appui tutélaire
Protège un nœud solennel,
Et nous aurons sur la terre
Beaux jours et bonheur du ciel!

PASCARELLO.

Se peut-il? quoi! téméraire,
Briser un nœud solennel!
Et dans un saint monastère
Dérober un ange au ciel!

PASCARELLO.

Mais c'est affreux!... c'est un scandale!
Quoi! Monsieur, un enlèvement!...
Dieu! quel affront pour la morale!

GAETANO.

Quand on ne peut faire autrement,
Vous l'avez dit...

PASCARELLO.
C'est différent!...
Une novice à l'Opéra,
On n'avait jamais vu cela!..

PAULA.

Ah! soyez sensible!

PASCARELLO.

Je suis inflexible!...

GAETANO.

Calmez ce courroux!
Que me disiez-vous?...
« Aux jeunes gens passons quelques folies,
« Il est si doux d'aimer femmes jolies!...
« Et vous, vieillards, vous qui grondez si fort,
« Si vous pouviez, vous aimeriez encor! »

(*Pascarello fait un geste de refus.*)

GAETANO *et* PAULA *suppliants.*

Ah! calmez cette colère
Et ne nous repoussez pas!...
Écoutez notre prière,
De grâce, ouvrez-nous vos bras!

PASCARELLO.

Vouloir fléchir ma colère!...
Que je vous ouvre mes bras!
C'est aussi trop téméraire!
Non, non, ne l'espérez pas!

Non, non, mille fois non!... Il faut ramener la signora au couvent... Ils doivent savoir qu'elle est ici... Je suis pur et candide, moi! et je ne veux pas avoir de démêlés avec la police...

GAETANO. Mais on ignore que Paula est chez vous... Enveloppée de la mante de Barbara, elle nous a suivis!... Barbara vient d'arriver du pensionnat... On ignore que nous étions d'intelligence...

PASCARELLO, *avec sévérité.* Un enlèvement!..

GAETANO, *avec impatience.* Mais, mon parrain, puisque dans votre jeunesse vous avez enlevé aussi, vous?...

PASCARELLO. Moi, c'est différent... D'abord, ce n'est que lorsque les demoiselles le voulaient bien.

PAULA, *baissant les yeux.* Mais je ne m'y suis pas opposée beaucoup !...

GAETANO. Vous voyez...

PASCARELLO. Tiens, Gaëtano, n'insiste pas davantage ; que répondrai-je aux parents de Paula... s'ils venaient me redemander leur enfant ?...

GAETANO. Oh ! si ce n'est que cela... rassurez-vous, parrain Paula est seule au monde, elle n'a point de famille.

PASCARELLO *à Paula.* Point de famille !...

PAULA. C'est-à-dire, je ne dois jamais la connaître... Et l'on m'a assuré que mes parents seraient déshonorés, si l'on savait !...

PASCARELLO. Je comprends tout !... Pauvre fille !... Mais qui vous a placée au couvent ?...

PAULA. Un étranger... que je ne pourrais pas même reconnaître, car lorsqu'il venait, on m'appelait dans une chambre où régnait une obscurité complète.

GAETANO. Et cet homme veut rendre Paula malheureuse, en abusant d'un pouvoir que rien ne justifie... Maintenant, parrain, que vous savez tout, j'espère que votre délicatesse...

PASCARELLO. Est moins alarmée, sans doute... d'autant plus, que je viens de faire une réflexion .. Ramener Paula au couvent, c'est dire que tu l'as enlevée.

GAETANO, *vivement* Certainement, et je serais arrêté, puni comme ravisseur !... je passerais ma vie dans les prisons.

PASCARELLO. Tu peux te vanter de me mettre dans une jolie position !... Mais comment tout ça finira-t-il ?...

GAETANO Vous nous marierez, mon parrain !... et le plus tôt possible, n'est-ce pas, petit parrain ?...

PAULA, *suppliant Pascarello.* Monsieur ?...

PASCARELLO. Voyons, voyons, de la tête !... Au couvent, on ignore... très-bien ! mais tout se découvre..

GAETANO. Attendez ! Chez votre sœur, la signora Rinaldi, qui demeure à deux lieues d'ici, à Castello... une bonne vieille femme... on ne se doutera jamais... Je cours retenir une voiture . Demain, il y a relâche au théâtre, nous conduirons Paula, et comme je n'ai rien à faire, je resterai... là bas...

PASCARELLO. Tu resteras là bas, à Castello, toi !... Du tout... l'air y est trop vif... Après ton mariage, je ne dis pas .. Allons, va, mon ami, va retenir ta voiture.

GAETANO, *sautant au cou de Pascarello.* Mon cher parrain !... mon excellent parrain !

PASCARELLO, *se dégageant avec peine.* Mais tu vas l'étouffer .. ton excellent parrain ! ..

PAULA. Ah ! que vous êtes bon !

PASCARELLO. Trop, peut-être.

PAULA. Regretteriez-vous d'avoir consenti à faire mon bonheur ?

PASCARELLO. Non; car, je le sens, je vous aime déjà comme un enfant... (*Il l'embrasse sur le front.*) (*En ce moment Barbara entre par le fond, et s'arrête en jetant un cri.*)

SCENE VIII.

LES MÊMES, BARBARA.

BARBARA, *avec ironie.* Pardon, je vous dérange..

PASCARELLO. Comment ! comment !... qu'est-ce que ça veut dire? (*Se frappant le front.*) Ah! j'y suis, à présent.. Je m'explique cette colère de tout à l'heure. (*Bas.*) Vous saviez donc que la signora ?...

BARBARA, *bas.* Était ici, cachée dans ma chambre... Je l'ai aperçue par le trou de la serrure. (*A demi-voix.*) Vieux scélérat !...

PASCARELLO, *haut.* Fi ! Barbara, fi ! vous ne vous corrigerez donc jamais de voir tout en mal ?

BARBARA, *montrant Paula.* Mais, il me semble...

PASCARELLO. Allons, Barbara, faites bien vite vos excuses à la signora.

BARBARA. Par exemple !...

PASCARELLO. Demandez pardon à la future de Gaëtano !...

GAETANO. Oui, ma future.. Comprends-tu ma joie ?

BARBARA, *très-étonnée.* Comment !... Que dites-vous ?... Ah ! malheureuse ! qu'ai-je fait, signor Pascarello ? Chassez-moi... battez-moi... Oh ! je le mérite. Et vous, Gaëtano, que j'aime tant !... qui êtes si bon !... C'est moi qui vais vous faire du chagrin !...

GAETANO. A moi ?

PAULA. A Gaëtano !.. Que dites-vous ?...

BARBARA. Ah ! c'est impardonnable.

PASCARELLO, *vivement.* Vous expliquerez-vous, à la fin ?

BARBARA, *avec crainte.* Tout à l'heure, j'étais si irritée, que j'ai parlé de l'enlèvement de la signora, chez le confiseur... La femme du procureur de la police était là...

PASCARELLO, *vivement.* Eh bien ?

BARBARA. Elle est sortie tout de suite... pour aller informer son mari..

PAULA, *avec effroi.* Ah ! mon Dieu !

GAETANO. Malheureuse ! nous sommes perdus !

PASCARELLO. L'autorité est avertie !... Nous sommes pris !... Barbara, au lieu d'un casque, donnez-moi un bonnet de nuit... Je vais aller me coucher en prison !...

PAULA, *à Pascarello.* Ah ! je vous en supplie... empêchez que je ne retourne au couvent !...

PASCARELLO. Je ne demande pas mieux, mon enfant; mais le puis-je ? Que répondre à ceux qui vont venir vous chercher ?...

BARBARA, *comme frappée d'une idée.* Mais ce que vous avez répondu quand on a réclamé la petite Catarina, la pupille du gros drapier ?...

PASCARELLO, *vivement.* Bravo ?... bravo !... Barbara... cet avis peut réparer toutes vos sottises !... Vite, à l'œuvre !...

PAULA. Comment !?... Mais je ne comprends pas !...

GAETANO. Expliquez-nous...

PASCARELLO. Vous saurez tout dans un instant; mais en ce moment le temps presse... il faut agir... Barbara, conduisez Paula dans votre chambre... vous savez.. ce costume...

BARBARA. Oui, oui, je comprends... il faut que ce soir même...

PASCARELLO. C'est cela... vous m'avez deviné. Allez...

PAULA. Mais que je sache...

PASCARELLO. Voulez-vous retourner au couvent?

PAULA, *effrayée*. Oh! jamais!

PASCARELLO. Alors, suivez Barbara... Allez... allez.

BARBARA, *entrainant Paula*. Venez, venez, signora.   (*Elles sortent par le côté.*)

SCÈNE IX.

PASCARELLO, GAETANO.

GAETANO. Bien vrai, parrain, Paula ne me sera pas enlevée?

PASCARELLO. Enlevée?... je défie qui que ce soit, maintenant, de l'arracher d'ici.

GAETANO. Mais comment?

PASCARELLO. Comment, dis-tu?... Ah ça! mais tu ne connais donc pas nos priviléges?

GAETANO. Non, parrain...

PASCARELLO. C'est juste, tu n'étais pas à Florence lorsque le grand-duc a ordonné... Vois-tu, on nous enlevait toutes nos cantatrices, nos danseuses... tous nos premiers sujets enfin... c'était une épidémie!.. alors, le grand chambellan, sur notre demande, a provoqué un règlement qui a force de loi.

GAETANO. Et ce règlement?...

PASCARELLO. Ce règlement dit, qu'aux termes des priviléges de notre théâtre, aucune personne ne peut être réclamée par sa famille, ni poursuivie par la police, lorsqu'elle fait partie du Grand Opéra.

GAETANO. Comment?.. Paula?.. vous voulez?..

PASCARELLO. Certainement. (*Tout en écrivant sur un gros registre.*) Dès qu'une demoiselle est inscrite sur ce grand livre-là, on a beau venir la redemander .. à l'Opéra, on ne rend rien... c'est comme les billets une fois pris au bureau... Là, voilà qui est fait... Paula fait maintenant partie du corps respectable des choristes du grand théâtre ducal... A propos de choristes, descends vite, mon garçon .. fais-leur répéter le final du second acte... si quelqu'un n'était pas là pour guider mon personnel, ça ferait de mal en pis... Va, Gaetano... Ah! .. j'oubliais : tu sais, le fameux chœur : *Avançons en silence!...* Pour l'amour du ciel, dis-leur donc de le chanter à voix basse .. ils ne manquent jamais de crier de toutes leurs forces : *Avançons en silence!..* On les entendrait de Venise à Padoue... Va, mon garçon.

GAETANO. Oui.. parrain...   (*Il sort.*)

SCÈNE X.

PASCARELLO, *seul; puis* BARBARA.

PASCARELLO. Oui, oui, c'est cela même... pour mieux justifier l'engagement de Paula, il est de toute nécessité qu'elle paraisse ce soir sur le théâtre. (*Appelant.*) Barbara, Barbara...

BARBARA, *entrant*. Me voilà.

PASCARELLO. Sommes-nous prêts?

BARBARA. Oui, Monsieur. Mais figurez-vous que j'ai eu toutes les peines du monde à la décider... Moi! . s'écriait à chaque instant la pauvre fille, moi, mettre un tel costume!...

PASCARELLO. Ça se conçoit... sortir du couvent à quatre heures, et à sept paraître en naïade devant le public...

BARBARA. Elle refusait absolument; mais quand je l'ai menacée d'être séparée de Gaetano...

PASCARELLO. Dites-moi ; est-elle gentille sous le costume de nymphe des eaux ?

BARBARA. Charmante...

PASCARELLO. Eh bien, ça se trouve à merveille... en l'absence de cette scélérate de Vermicelli, Paula remplira le rôle de la fontaine de Jouvence .. elle est excellente musicienne...

BARBARA. Il lui suffira de répéter un instant avec vous..

PASCARELLO. Dites-lui de venir...

BARBARA, *appelant*. Paula, Paula..... La voici!..

SCÈNE XI.

LES MÊMES; PAULA, *en élégant costume de naïade*.

PASCARELLO. Charmante, divine, délicieuse! Approchez... approchez... En petite fontaine, vous êtes ravissante... vous ferez un effet!... Allons, voyons, pensons à notre rôle... Justement... le voici... répétons... (*Il lui donne un rôle de musique.*)

PAULA. Mais je vous assure que je n'oserai pas...

PASCARELLO. Bah!... vous aurez un succès pyramidal!... Et l'urne, Barbara, vous oubliez l'urne... allons donc, Barbara.

BARBARA, *donnant une urne dorée à Paula*. Voilà! voilà!

PASCARELLO. Maintenant, il me faudrait une grotte.. où trouver une grotte?... Ah! ce fauteuil, c'est votre grotte... Barbara, fermez la porte, que nous ne soyons point interrompus ... Maintenant, commençons... Je m'approche d'un pas chancelant. . je suis un vieux chevalier, courbé sous le poids des ans... et je commence mon invocation, en chantant comme un ancien rossignol...

TRIO.

PASCARELLO, *d'une voix vieille et chevrotante*.

O divine fontaine,
Daigne calmer ma peine:
Que ton eau souveraine
Me rende mes beaux jours!

ACTE II, SCÈNE XIII.

Pour moi, sur cette terre,
Il n'est plus que misère...
Je suis mort pour la guerre,
Défunt pour les amours!...
(*A Paula.*)
C'est à vous, gentille fontaine.
(*Parlé.*) Commencez!
(*Reprenant.*)
Défunt pour les amours...
(*A Paula.*) Entrez donc...
(*Reprenant.*)
Défunt pour les amours...
Resterai-je sur les amours
Jusqu'à la semaine prochaine?
BARBARA, *tirant Paula par le bras.*
Commencez donc...
PAULA.
Je n'ose pas!
BARBARA ET PASCARELLO.
Pourquoi, pourquoi cet embarras?
PASCARELLO.
Allons, allons, attention!
Je reprends l'invocation :

O gentille fontaine, etc.

(*Parlé.*) Maintenant paraissez, et chantez vos couplets.
PAULA, *s'avançant l'urne à la main.*
COUPLETS.
Me voici! Mon pouvoir dispense
Des trésors enviés de tous!
Mortels, mon eau de Jouvence
Du temps peut défier les coups!
Venez à ma source chérie
Implorer la divinité
Qui rend les doux biens de la vie :
Jeunesse et plaisirs et beauté.
DEUXIÈME COUPLET.
Vieux guerrier, cher à la patrie,
Tu pourras encor la servir!
Ton cœur à femme jolie,
Sans crainte aussi tu peux l'offrir.
Venez à ma source chérie
Implorer la divinité
Qui rend les doux biens de la vie :
Jeunesse et plaisirs et beauté!

PASCARELLO et BARBARA (*Parlé.*) Très-bien, Brava!
PASCARELLO, *de même.* Continuons!...
PAULA, *s'avançant l'urne à la main.*
Pauvre chevalier, ta prière
A touché mon cœur aujourd'hui.
Par ma puissance tutélaire
Je veux devenir ton appui!
Prends cette urne, et que la faiblesse
Y puise nouvelle jeunesse..
Vieux chevalier, bois à longs traits ;
Par mon pouvoir, allons, renais
Pour la vaillance et les hauts faits!
PASCARELLO, *après avoir porté l'urne à ses lèvres.*
O prodige! ô bonheur! ô source enchanteresse!
Quelle nouvelle ivresse,
Quelle douce chaleur,
Font tressaillir mon cœur!
(*Reprise du premier motif, d'une voix jeune et martiale.*)
O divine fontaine!
Maintenant plus de peine;

Oui, ton eau souveraine
M'a rendu mes beaux jours.
Mon âme noble et fière,
Dans sa force première,
Rajeunit pour la guerre,
Renaît pour les amours!

ENSEMBLE.
PASCARELLO.
O divine fontaine!
Maintenant, plus de peine;
Oui, ton eau souveraine
M'a rendu mes beaux jours.
Mon âme noble et fière,
Dans sa force première,
Rajeunit pour la guerre,
Renaît pour les amours.

PAULA.
Maintenant, plus de peine,
Et pour toi plus de chaîne!
Oui, mon eau souveraine
T'a rendu tes beaux jours!
Ton âme noble et fière,
Dans sa force première,
Rajeunit pour la guerre,
Renaît pour les amours.

BARBARA.
Maintenant, plus de peine.
O divine fontaine!
Oui, ton eau souveraine
Rend jeunesse et beaux jours.
Son âme noble et fière,
Dans sa force première,
Rajeunit pour la guerre,
Renaît pour les amours.

PASCARELLO. Brava, bravissima!... c'est à merveille!... Et vous vouliez ensevelir cette voix-là dans un cloître!..
(*On entend frapper à la porte du fond.*)
BARBARA. Chut! entendez-vous?... on vient vous chercher!...
PAULA. Ah! mon Dieu!
PASCARELLO, *se frottant les mains.* Ne craignez donc rien... (*Frappant sur le registre.*) puisque vous êtes inscrite, là... vous nous appartenez...
BARBARA. Vous êtes à nous!...
PASCARELLO. Mais n'importe, je ne veux pas que devant ces agents... Barbara, emmenez Paula dans votre chambre... Sitôt que j'aurai renvoyé ces importuns, nous descendrons au théâtre... (*On frappe de nouveau.*) Allez!... allez!... (*Il pousse doucement Paula et Barbara dans la chambre à droite, puis va ouvrir.*) A nous, maintenant, messieurs de la police!...

SCÈNE XIII.

PASCARELLO, LE COMMANDEUR.

LE COMMANDEUR, *entrant.* C'est au signor Pascarello que j'ai l'honneur de parler?
PASCARELLO, *d'un air goguenard.* Oui, au signor Pascarello,... mais plus connu sous le nom de Cocomèro; car voilà bientôt cinq ans que j'ai pris ce nom de guerre.
LE COMMANDEUR. C'est pourquoi je vous cherche depuis si longtemps.

PASCARELLO. Depuis si longtemps?...

LE COMMANDEUR. J'ai fait mille démarches pour retrouver un signor Pascarello, ancien professeur de chant, et ce matin seulement, en lisant une pétition signée de deux noms, j'ai appris enfin où je devais vous rencontrer.

PASCARELLO, *avec suffisance.* Je ne me cache pas, Monsieur, j'aurais même tort de me cacher... Mais où diable avez-vous lu ma pétition?

LE COMMANDEUR. Chez un de mes parents, le grand chambellan, surintendant des théâtres de la cour.

PASCARELLO, *à part.* Ah! mon Dieu!.. moi qui croyais que c'était un... (*Haut.*) Monseigneur, ce fauteuil vous tend les bras... Je vous en prie...

LE COMMANDEUR, *s'asseyant.* Vous avez donné des leçons de chant autre part qu'à Florence... n'est-ce pas, Monsieur?...

PASCARELLO. Oui, Excellence, dans le Bolouais...

LE COMMANDEUR. Précisément... c'est cela... Dans le temps, vous avez eu pour élève une jeune personne... Léonora d'Amalfi..

PASCARELLO, *vivement.* Vous la connaissez? pourriez-vous m'en donner des nouvelles? vit-elle encore?...

LE COMMANDEUR. Oui, et je viens de sa part vous demander de lui rendre un service.

PASCARELLO, *avec chaleur.* Oh! parlez!... parlez!... que ne ferais-je pas... Elle était si bonne... si généreuse!...

LE COMMANDEUR. Vous vous rappelez son écriture?...

PASCARELLO. Parfaitement...

LE COMMANDEUR, *lui présentant un billet.* Lisez!...

PASCARELLO, *lisant.* « Remettez à un ami « qui sait tout, le dépôt que je vous ai confié.. » C'est bien de sa main!...

LE COMMANDEUR, *d'un air inquiet.* Ce paquet de lettres... vous l'avez encore?...

PASCARELLO, *montrant le secrétaire.* Il est là?...

LE COMMANDEUR. Et personne n'a pu le lire?...

PASCARELLO. Personne au monde, Monseigneur; c'eût été violer un secret qui ne m'appartient pas...

LE COMMANDEUR, *à part, avec joie.* Ah!...

PASCARELLO. Pardon!... mais cette personne m'intéresse tant!... Est-elle heureuse?...

LE COMMANDEUR, *avec une légère impatience.* Pourquoi cette question?...

PASCARELLO. Ah! c'est que je n'ai plus entendu parler d'elle... depuis le jour où son père, en revenant à l'improviste au château d'Amalfi... dont il était absent depuis deux années... Je me rappelle.. nous étions là, au clavecin, la porte s'ouvre avec violence... Amalfi entre... le visage pâle et défait... Sa fille veut aller à lui... il la repousse... et d'un geste impératif... il lui ordonne de passer dans un autre salon!... Tout à coup la voix tonnante d'Amalfi arrive jusqu'à moi, et j'entends ces mots : « Séduction... déshonneur!... » il parlait même d'un enfant!...

LE COMMANDEUR, *l'interrompant.* C'est bien, signor, c'est bien.. Je sais que la jeune fille se précipita dans la chambre où vous étiez et qu'elle vous dit, en vous remettant des lettres : « Tenez, cachez cela, car si mon père les trouvait ici... un nouveau malheur... »

PASCARELLO. Pauvre signora! loin de son père, elle n'aurait pu résister aux pièges de la séduction... Mais ce jeune homme que je ne connais pas.. a-t-il réparé sa faute en épousant Léonora?...

LE COMMANDEUR. Il ne le pouvait pas.

PASCARELLO. Et l'enfant?...

LE COMMANDEUR. On en a pris soin... Mais ces lettres, Monsieur, j'attends ces lettres...

PASCARELLO, *ouvrant le secrétaire.* Je vais vous les donner.

LE COMMANDEUR, *à part.* Rien ne pourra plus me trahir!

PASCARELLO, *lui donnant le paquet de lettres.* Les voici, Monseigneur.

SCÈNE XIII.

LES MÊMES, GAETANO.

GAETANO, *entrant avec précipitation.* Ah!.. mon parrain... si vous saviez... un affreux malheur nous menace... On va m'arracher Paula... Il faut qu'elle quitte Florence à l'instant même... (*Courant ouvrir la porte de la chambre où est Paula.*) Paula... Paula... au nom du ciel... venez...

LE COMMANDEUR, *à part.* Paula!

PASCARELLO, *à Gaetano.* Pourquoi cette terreur? T'expliqueras-tu?

SCÈNE XIV.

LES MÊMES, PAULA, BARBARA.

LE COMMANDEUR, *à part, en voyant entrer Paula.* Paula!.. C'est elle! ils l'auront enlevée du couvent!

PASCARELLO, *à Gaetano.* Ah! ça, mais que se passe-t-il?

GAETANO. Là... sur le théâtre... un agent de police... il est porteur d'un ordre.. il vient arrêter Paula!..

PASCARELLO. Un agent?.. mais qu'il en vienne des agents... (*Frappant sur le registre.*) Paula est inscrite sur ce registre!..

BARBARA. La signora fait partie maintenant du Grand Opéra de Florence.

PASCARELLO, *à Gaetano.* Tu sais nos privilèges... Mais, que diable, je viens de les faire connaître...

GAETANO. Pardon, j'ai cru que c'était pour me rassurer...

PASCARELLO. Du tout... du tout...

BARBARA. Oh! nous ne craignons rien...

LE COMMANDEUR, à part. Que faire? cet agent.. il sera sans force maintenant...

PASCARELLO, au Commandeur. Nous sommes bien tranquilles!

LE COMMANDEUR. Quoi? vous n'avez que ce moyen pour soustraire la signora?...

PASCARELLO. Mais il est infaillible!

LE COMMANDEUR. Ah! mon pauvre Pascarello, c'est ce qui vous trompe!

BARBARA. Par exemple!

PAULA, qui depuis que le Commandeur a parlé n'a pas cessé de le regarder, à part. Oh! mon Dieu, cette voix...

LE COMMANDEUR. A la demande de nombreuses familles, le grand-duc a rendu une ordonnance qui annule les privilèges sur lesquels vous comptez si fort... Tous les engagements qui n'ont pas six mois d'existence sont déclarés nuls!..

PASCARELLO. Que dites-vous?

GAETANO. Qu'entends-je?..

PASCARELLO. Comment se fait-il que nous ne sachions pas encore ça, nous autres?..

LE COMMANDEUR, embarrassé. Ce n'est que d'aujourd'hui que Son Altesse a fait connaître ses volontés au surintendant... J'étais là quand l'ordre est arrivé...

PAULA, à Pascarello. Oh! ne m'abandonnez pas.

GAETANO, désolé. Mon parrain... si l'on m'enlève Paula...

PASCARELLO, découragé. Que veux-tu que j'y fasse, mon garçon?

LE COMMANDEUR. Voyons, voyons, mes amis; pourquoi vous désespérer?.. Il me semble qu'il reste un moyen de sauver la signora.

GAETANO. Il se pourrait?.. Oh! parlez!.. que faut-il faire?

LE COMMANDEUR. Empêcher d'abord cet agent de se trouver sur notre passage...

GAETANO. Bien, bien...

PASCARELLO. Perds-le dans les coulisses... Fais-le tomber dans une trappe. (Gaétano sort vivement.)

LE COMMANDEUR. Maintenant, il faut que la signora quitte Florence à l'instant même.

PASCARELLO. J'y avais déjà songé... mais la justice saura bientôt nous atteindre.

LE COMMANDEUR. Confiez cette jeune fille à quelque famille puissante... la justice alors, vous le savez, n'osera pas agir...

PASCARELLO. Oui, mais moi, en ce moment, je ne vois personne qui puisse...

LE COMMANDEUR. Seigneur Pascarello, vous avez des droits à ma gratitude... L'occasion se présente aujourd'hui de vous rendre service... je vous offre ma protection. Pas un instant à perdre!... une fois chez moi... cette jeune fille n'aura plus rien à redouter. Venez, signora...

PAULA. Non... je ne me trompe pas... ce protecteur inconnu... qui au couvent, dans l'obscurité... Sa voix... celle de monseigneur...

LE COMMANDEUR, avec un grand calme. Signora... je ne puis m'expliquer votre trouble... c'est la première fois que nous nous voyons.

PASCARELLO. Du moment que monseigneur déclare... d'ailleurs un ami de Léonora d'Amalfi!

LE COMMANDEUR. Vite, Pascarello ..disposez-vous... ma voiture est en bas... Venez.

PASCARELLO. Impossible!... je vais entrer en scène... mais Barbara vous accompagnera...

BARBARA. Et je ne la quitterai pas, cette chère signora; soyez tranquille.

LE COMMANDEUR, à Paula. Venez vite.

PASCARELLO. Ah! diable!... mais où vous retrouverai-je?

LE COMMANDEUR, en hésitant. Au château de Vicente... aux portes de la ville...

PAULA, à Pascarello. Bien! Vous nous rejoindrez avec Gaétano?...

PASCARELLO. Aussitôt après le spectacle... (Au Commandeur.) Merci, Monseigneur!... Qu'on est heureux d'avoir des amis!

(Le Commandeur entraîne Paula que Barbara a entourée de sa mante. Ils sortent par la porte du fond, suivis de Barbara.)

SCÈNE XV.

PASCARELLO, GAETANO.

FINAL.

GAETANO, rentrant par la droite.
Parrain, parrain!

PASCARELLO.
Eh bien, dis... cet agent?...

GAETANO.
Egaré sur la scène...
Il aura de la peine
A se retrouver, vraiment...
Mais Paula, mon parrain?...

PASCARELLO.
Sauvée!... Elle est partie
Avec ce noble seigneur
Et Barbara... Plus de frayeur!
Quand la pièce sera finie,
A Vicente, chez notre bienfaiteur,
Nous irons la rejoindre..

GAETANO.
Ah! pour moi quel bonheur!...
Oui, maintenant elle est sauvée!
Pour moi, pour moi, c'est un beau jour!
Le ciel enfin l'a conservée
A mon bonheur, à mon amour!

PASCARELLO.
Oui, mes enfants, oui, mes amis,
Bientôt vous allez être unis,
Et votre hymen, notre bonheur,
Nous les devrons à ce noble seigneur!

ENSEMBLE.

Ah! maintenant, elle est sauvée!
Pour moi, pour moi, c'est un beau jour!
Le ciel enfin l'a conservée
A mon | à mon
A ton | bonheur, à ton | amour.

SCÈNE XVI.

Les mêmes, BARBARA.

BARBARA, *accourant dans la plus grande agitation.*
Au secours! au secours! ah! c'est abominable!
                    PASCARELLO.
Qu'avez-vous?
                    GAETANO.
            Seule!... ah! quel affreux soupçon!
                    PASCARELLO.
Parlez!... vite, parlez!
                    BARBARA.
                Quel piège épouvantable!
            PASCARELLO ET GAETANO.
Mais, où donc est Paula?...
                    BARBARA.
                Trahison! trahison!...
On l'emmène!... on l'entraîne!
                    GAETANO.
                Expliquez-vous, de grâce!
                    BARBARA.
Dans un équipage brillant
La pauvre enfant avait pris place,
Et j'allais l'y suivre à l'instant,
Quand un valet brutalement
M'a repoussée avec audace...
Hélas!... hélas!... malgré mes cris,
Malgré mes pleurs, ils sont partis!
            PASCARELLO ET GAETANO.
Grand Dieu! se peut-il?...
                    BARBARA.
                    Ce seigneur
Est un brigand, un ravisseur!...
            PASCARELLO ET GAETANO.
Un ravisseur!...

                ENSEMBLE.
                    GAETANO.
Quel coup pour mon âme!
Quelle affreuse trame!
Ah! devais-je ainsi
La perdre aujourd'hui?
                    PASCARELLO.
Quel coup pour mon âme!
Quelle affreuse trame!
Devions-nous ainsi
La perdre aujourd'hui?
                    BARBARA.
Quel coup pour son âme!
Quelle affreuse trame!
Devait-il ainsi
La perdre aujourd'hui?

PASCARELLO, *à Gaétano.*
Gronde-moi, maudis-moi, je suis un misérable!
Donner dans un piège semblable!
Je suis joué comme un enfant!
                    GAETANO.
Que faire, hélas! en cet instant?...
                    PASCARELLO.
Eh! mais, j'y pense... avec vitesse,
A Vicente, dans sa maison,
Il faut aller... Usons d'adresse,
Pour déjouer la trahison.
        Allons,
        Partons!
Cherchons bien, j'ai l'espoir que nous la rejoindrons.

                (*Tous les trois.*)
        Allons,
        Partons!...
(*Ils se disposent à sortir par le fond et sont arrêtés par les choristes qui entrent.*)

SCÈNE XVII.

LES MÊMES; FOULE DE CHORISTES, hommes et femmes en différents costumes.

                    CHOEUR.
Venez donc avec nous!
Voilà que l'on commence.
Mais à quoi pensez-vous?
Venez donc avec nous!
Le public, en courroux,
Va perdre à la fin patience;
    Comme il se fâchera!
Et bientôt comme il sifflera!...
                    PASCARELLO.
Et quoi! voilà que l'on commence!
Grand Dieu!... je l'avais oublié!...
(*Mettant son casque.*)
Et je ne suis pas habillé!...
(*Courant çà et là dans le plus grand trouble.*)
L'opéra qui commence...
Mon devoir... cet enfant...
Et cet enlèvement!...
J'en deviens fou, vraiment!...

                    CHOEUR.
Venez donc avec nous,
Voilà que l'on commence;
Mais à quoi pensez-vous?
Venez donc avec nous!
Le public, en courroux,
Va perdre patience,
Comme il se fâchera
Et comme il sifflera.

(*Ils entraînent Pascarello qui ne sait où donner de la tête. Barbara soutient Gaétano qui tombe accablé sur un fauteuil.*)

ACTE TROISIÈME.

Le théâtre représente une cour du couvent. A gauche, au deuxième plan, l'entrée d'une chapelle ; à droite la porte du cloître. Au fond, un mur élevé, avec une porte à guichet au milieu ; un banc à gauche.

SCÈNE I.

PAULA, *en costume de novice, sortant de la chapelle à gauche.*

RÉCITATIF.

C'en est fait ! c'est donc aujourd'hui
Qu'on exige mon sacrifice !...
Il faut, hélas ! qu'il s'accomplisse...
Ah ! plus d'espoir ! pour moi, tout est fini !..

AIR.

A tout ce que j'aime sur terre
Ils veulent que je dise adieu !..
Ils veulent, dans un cloître austère,
Que je ne pense plus qu'à Dieu !..
Mais quand leur pouvoir me réclame,
Quand un serment va me lier,
Je ne puis, hélas ! dans mon âme
Trouver la force d'oublier !..
Quand votre pouvoir me réclame,
Donnez-moi donc, cruels, la force d'oublier !..

CHOEUR DE FEMMES *dans la chapelle.*

Le cloître est un asile
Que bénit le Seigneur ;
C'est le séjour tranquille
Du calme et du bonheur.
Dans ce pieux asile
Règne la paix du cœur.

PAULA, *écoutant pendant le chœur.*

C'est pour moi que leurs voix implorent le Seigneur !
C'est en vain ; pour mon pauvre cœur,
Plus de repos, plus de bonheur !..
Dans cet instant suprême,
Je le sers, je le vois,
Celui que mon cœur aime
Est encor tout pour moi !
Mon âme est assertie...
L'oublier, non, jamais !..
Et, loin de lui, ma vie
Ne sera que regrets !..

(La Tourière, les religieuses et les novices sortent de la chapelle. Une religieuse s'approche de Paula et lui prend la main.)

Reprise du Chœur.

Le cloître est un asile
Que bénit le Seigneur ;
C'est le séjour tranquille
Du calme et du bonheur !
Dans ce pieux asile
Règne la paix du cœur.

(A la fin du chœur, Paula, les religieuses et les novices rentrent au couvent, et l'on entend sonner à la porte du fond. La Tourière va regarder au guichet, au fond.)

PASCARELLO, *en dehors.* C'est nous, signora Margarita... c'est nous...

LA TOURIÈRE, *ouvrant.* Entrez !... entrez !...

SCÈNE II.

GAËTANO, PASCARELLO, LA TOURIÈRE, BARBARA.

PASCARELLO, *donnant le bras à Gaëtano qui tient un cahier de musique.* Bonjour, bonjour, signora... (*A Gaëtano.*) Tiens, mon garçon... repose-toi là... (*Il le fait asseoir sur le banc, à gauche.*)

LA TOURIÈRE. Mais savez-vous que voilà plus d'un grand mois qu'on ne vous a vu au couvent.. Nous commencions à nous inquiéter...

PASCARELLO, *montrant Gaëtano.* Ce pauvre enfant a été si malade !... je n'ai pas osé le quitter d'un instant... mais ça va mieux...

LA TOURIÈRE. Et qu'éprouvait-il ?

PASCARELLO Du chagrin... l'amour...

LA TOURIÈRE, *se récriant avec sévérité.* Signor Pascarello !...

PASCARELLO. C'est juste, il ne faut pas parler ici de ce... Ah ! ça, Barbara que j'ai envoyée hier chez vous, m'a dit que l'on avait grand besoin de Gaëtano ce matin pour toucher l'orgue.

LA TOURIÈRE. Oui, nous avons une prise de voile.

PASCARELLO. Une prise de voile !... diable ! diable !...

LA TOURIÈRE, *avec sévérité.* Signor Pascarello !...

PASCARELLO. Pardon, signora, pardon... Il ne faut pas non plus parler ici de... (*A demi-voix à Barbara, pendant que la Tourière dit quelques mots à Gaëtano.*) Ce que c'est que de rester un grand mois sans venir au couvent... vous voyez, Barbara, je blasphème, je perds la main... l'Opéra reprend le dessus... et cependant je m'étais bien fait le serment...

BARBARA, *avec ironie.* Oui, le serment... Nous savons comment vous les tenez, les serments !...

PASCARELLO, *bas.* Chut !... en voilà assez !..

LA TOURIÈRE Venez, Barbara ; je vais vous remettre la clef du petit escalier qui conduit à l'orgue.

BARBARA. Je vous suis, ma sœur !...

(Barbara et la Tourière entrent dans le couvent.)

SCÈNE III.

PASCARELLO, GAËTANO.

PASCARELLO. Allons, allons, je vois à l'accueil que l'on nous fait, que rien n'a transpiré au couvent !... c'est ce qui fait que je conserverai ma place de professeur, et que nous pourrons reparaître ici tête levée.

GAETANO, *soupirant.* Ici !... mon parrain... vous comprenez ?..

PASCARELLO. Oui, oui, mon garçon... Mais, voyons... pas d'idées sombres ; le docteur les a prohibées. Tu sais, de la gaieté, au contraire... de la gaieté ! Veux-tu que je te fasse rire ?...

GAETANO, *l'interrompant.* Merci, parrain, merci des soins que vous prenez pour me distraire... mais comment voulez-vous qu'en revoyant ces lieux je ne sois pas attristé ?...

PASCARELLO. Je ne dis pas... aussi il ne fallait pas venir... je t'ai proposé de toucher l'orgue à ta place.

GAETANO. Parrain, c'est ici que j'ai vu Paula pour la première fois... c'est ici que nous nous sommes aimés... et dire que je ne la verrai plus ?... depuis un mois vous avez échoué dans toutes vos recherches.

PASCARELLO. Ce n'est point une raison pour se désespérer !... D'un moment à l'autre, nous pouvons... qui sait ?... Au surplus, je te l'ai promis, nous la chercherons encore, nous la chercherons toujours !... Pour mon compte, je me lève à six heures du matin, et je ne rentre qu'à onze du soir... je frappe à toutes les portes... « Y a-t-il ici une novice ? » On me répondra non, j'en suis sûr... n'importe, je ne me rebuterai pas !... je le trouverai, cet infâme séducteur, qui donne de fausses adresses aux gens... Château de Vicente... Oui, cherche !... Je suis d'une colère !... si je le tenais, ce beau monsieur !...

GAETANO. Alors, ce serait à moi d'agir... il aurait ma vie, ou j'aurais la sienne.

SCÈNE IV.

LES MÊMES, BARBARA.

BARBARA, *tout émue.* Signor Pascarello... signor Pascarello.. si vous saviez ! quelle nouvelle !...

PASCARELLO. Eh bien, quoi ?

BARBARA. Je suis toute bouleversée...

PASCARELLO. Vous êtes toujours comme ça !

BARBARA. Cette prise de voile... cette jeune fille qui va, ce matin, entrer dans le cloître et prononcer ses vœux... c'est... c'est la signora Paula...

GAETANO, *avec explosion.* Paula !

BARBARA. Elle-même !

PASCARELLO. Laissez-nous donc tranquilles, Paula, ici !... quelle vraisemblance ?... Allons, on s'est moqué de vous, Barbara !...

BARBARA. Je vous dis que c'est la vérité, moi... En allant chercher la clef de l'orgue... la Tourière, que je questionnais toujours, sans arrière-pensée, sans malice, m'a tout conté... Oui, c'est lui... c'est cet homme, auquel vous avez confié Paula, qui l'a ramenée tout droit, de l'Opéra, ici.

GAETANO. Comment, ce seigneur !...

BARBARA. Est tout simplement le protecteur mystérieux de Paula... c'est lui qui a pris soin de son enfance... enfin, c'est lui qui l'a placée, toute jeune encore, dans ce couvent.

PASCARELLO. Mais si cette histoire était vraie, Barbara, cet homme ayant trouvé Paula chez moi, aurait parlé !... on saurait tout ici... nous n'y serions plus reçus...

BARBARA. Vous direz tout ce que vous voudrez, mais la chose est certaine...

PASCARELLO. Alors je m'y perds... (*Frappé d'une idée.*) Attendez !... mais non... je ne m'y perds pas... maintenant que je rapproche les événements... je commence à croire que Barbara a été bien instruite... Oui... la voix de cet homme... Paula l'avait reconnue...

BARBARA, *d'un air satisfait.* Ah !

PASCARELLO, *comme à lui-même.* Ces lettres qu'il avait tant d'intérêt à retrouver... plus de doute !... pour moi tout s'éclaircit !...

GAETANO. De quelles lettres parlez-vous ?...

PASCARELLO. Oh ! une aventure trop longue à raconter... Oui, j'avais entre les mains de quoi forcer peut-être cet homme à te donner Paula.

GAETANO, *désolé.* Et vous vous êtes dessaisi ?...

PASCARELLO. Que veux-tu ?... pouvais-je alors deviner ?... Oui, comme un imbécile, je lui ai remis toutes les lettres... Si j'en avais gardé une seule !... je l'obligerais bien... mais non, rien !... pas même son nom pour courir auprès de lui, le supplier !...

(*On entend l'horloge qui sonne.*)

GAETANO, *affectant du sang-froid.* Ce serait inutile !... entendez-vous la cloche du couvent ? dans un quart d'heure les portes de la chapelle vont s'ouvrir...

PASCARELLO. C'est vrai, mon pauvre ami !... Oh ! nous avons trop peu de temps.

GAETANO, *avec désespoir.* Paula !... la retrouver pour la perdre à jamais !...

BARBARA. Tenez, signor Gaëtano, ne restez pas ici !... retournez à la maison... votre parrain touchera l'orgue à votre place !...

PASCARELLO, *prenant le rouleau de musique que Gaëtano a laissé sur le banc.* Oui, va, mon ami, va !.. Je ne suis pas de la force sur l'orgue, je ferai des bêtises, mais n'importe !...

GAETANO. M'en aller, mon parrain !... Oh ! non, non !...

ROMANCE.

Premier couplet.

Laissez-moi de sa douce image
M'enivrer encore aujourd'hui ;
Cet espoir me rend le courage
Que sa perte m'avait ravi.
 Tendre amie,
 De ma vie,
L'idole et le seul amour,
 Tendre amie,
 Tant chérie,
Hélas ! ce jour est mon dernier beau jour !..

Deuxième couplet.

De mon cœur l'ardente prière
Va pour toi monter vers le ciel !..
Bel ange, oublié sur la terre,
Sois heureuse au pied de l'autel !..
 Tendre amie,
 De ma vie,
L'idole et le seul amour,
 Tendre amie,
 Tant chérie,
Hélas ! ce jour est mon dernier beau jour !

(*On entend sonner à la porte du fond.*)

BARBARA *va regarder au guichet et revient en disant à demi-voix :* C'est lui ?... c'est lui !...

PASCARELLO. Qui, lui ?...

BARBARA. Celui qui nous a enlevé Paula !...

GAETANO, *faisant un mouvement pour aller au fond, et avec colère.* Ah ! je vais lui parler enfin !...

PASCARELLO, *l'arrêtant.* Non, non, c'est à moi !... Laissez-moi seul avec cet homme !.. Allez m'attendre ici près.

GAETANO. Et vous espérez, parrain ?

PASCARELLO. Oui.... car je viens d'imaginer... C'est un mensonge... n'importe ! Il peut nous servir... Va, Gaëtano, va !

GAETANO. Parrain, ma vie est entre vos mains !

PASCARELLO. Laisse-moi faire !

(*Barbara et Gaëtano sortent par la droite, au moment que la Tourière qui sort du couvent ouvre au Commandeur.*)

SCÈNE V.

PASCARELLO, LE COMMANDEUR, LA TOURIÈRE.

LE COMMANDEUR, *à la Tourière, sans voir Pascarello.* Je vais au parloir ; priez madame la Supérieure de vouloir bien s'y rendre.

LA TOURIÈRE. Il suffit !.. (*Elle entre au couvent ; le Commandeur se dispose à la suivre ; Pascarello l'arrête.*)

PASCARELLO, *d'un air suppliant.* Un mot, Monseigneur, un mot !...

LE COMMANDEUR, *avec sévérité.* Que me voulez-vous ? Me remercier, sans doute, de n'avoir pas ici dévoilé votre conduite... d'avoir assoupi une affaire qui pouvait vous devenir funeste ?...

PASCARELLO. Aussi, ma reconnaissance...

LE COMMANDEUR. Paula, en jurant de prendre le voile, m'a fait promettre de ne pas vous inquiéter, de me taire ; j'ai tenu ma parole... (*Il veut sortir.*)

PASCARELLO, *l'arrêtant encore.* Je vous en supplie ; aujourd'hui, n'allez pas faire le malheur de deux personnes !... de vous seul dépend leur existence... Si vous saviez combien mon filleul aime Paula !...

LE COMMANDEUR. Eh ! que puis-je faire ?... Les parents de cette jeune personne pourraient seuls...

PASCARELLO, *le regardant fixement.* Ses parents ?...

LE COMMANDEUR. Sans doute !... Il y a dix-sept ans environ, un enfant fut déposé à la porte de mon hôtel... Dans son berceau se trouvait une lettre sans signature... Trop pauvres pour élever leur fille, les parents me suppliaient de me charger d'elle, de la placer au couvent et de lui faire prononcer ses vœux, dès qu'elle serait en âge de prendre le voile. Cet instant est arrivé, j'accomplis ma mission !...

PASCARELLO. Monseigneur, ne faut-il pas que les portes du couvent dérobent aux regards de tous les fautes du passé ? Ne faut-il pas que la pauvre fille soit sacrifiée et supporte seule les torts que d'autres ont eus ?... Répondez, Monseigneur, les rigueurs du cloître ne doivent-elles pas la punir d'avoir reçu le jour ?...

LE COMMANDEUR, *vivement.* Des preuves de ce que vous avancez, Monsieur, des preuves ?...

PASCARELLO, *s'animant par degrés.* Des preuves ?... Ah ! vous vous croyez bien fort !... Des preuves, dites vous ?... il m'en reste une.. irrécusable.... De ces lettres que je vous ai remises, une, la plus importante, s'est détachée des autres !... Elle est restée entre mes mains... Le hasard a tout fait... mais il me sert aujourd'hui !... Ah ! vous voulez des preuves !..

LE COMMANDEUR, *effrayé.* Monsieur, au nom du ciel, écoutez-moi !... Il y va de la vie, de l'honneur de deux personnes !... Il est des circonstances qui forcent quelquefois les sentiments les plus saints à se taire... Sans doute, obliger Paula à prendre le voile, cela paraît inhumain ; mais ses parents peuvent-ils se faire connaître ?... Non.... sa mère, alliée maintenant à une grande famille, doit-elle y jeter la honte et le déshonneur ? .. Le père de Paula, revêtu d'un caractère sacré, commandeur de Malte, sur le point d'être nommé grand maître de l'ordre, ne doit-il pas employer tous les moyens pour cacher une faute qu'il lui a été impossible de réparer ?... Le silence, Monsieur, le silence, et votre fortune, celle de votre filleul sont assurées...

DUO.

PASCARELLO.
De l'or ! de l'or ! qu'osez-vous proposer ?
C'est du bonheur que mes accents implorent !..
Pour ces deux enfants qui s'adorent,
C'est du bonheur !..

LE COMMANDEUR.
Je dois vous refuser...

PASCARELLO.
Plus de menace ! à présent, je supplie !..
Ne faites pas le malheur de leur vie !..
Faut-il embrasser vos genoux ?..

LE COMMANDEUR.
Monsieur, Monsieur, que faites-vous ?..

PASCARELLO.
Ah ! n'étouffez pas le génie
De mon filleul, de mon enfant !..

LE COMMANDEUR.
En vain votre voix me supplie !..

PASCARELLO.
Si vous connaissiez son talent !..
Ah ! j'en réponds, de sa patrie,
Il sera la gloire et l'honneur !
Mais laissez, laissez à sa vie,
Un peu d'amour et de bonheur !..

LE COMMANDEUR.
N'insistez pas !.. je vous en prie,
Et plaignez-moi de ma rigueur ;
A votre voix qui me supplie
Je dois, hélas ! fermer mon cœur.

PASCARELLO.
Ah ! n'étouffez pas le génie
De mon filleul, de mon enfant !..
Si vous connaissiez son talent !..
Mais, j'ai là cette mélodie
Qu'il vient de composer pour l'orgue du couvent.
Écoutez un instant !

PASCARELLO, *le retenant.*
Un seul instant!
(*Il chante avec feu.*)
Que cette phrase est jolie!..
(*Il chante.*)
Quelle douce mélodie!..
Mais je le vois, votre âme est attendrie...

ENSEMBLE.
PASCARELLO.
Mon pauvre enfant, de sa patrie
Il sera la gloire et l'honneur;
Mais laissez, laissez à sa vie
Un peu d'amour et de bonheur.

LE COMMANDEUR.
N'insistez pas, je vous en prie!..
Et plaignez-moi de ma rigueur.
A votre voix qui me supplie
Je dois hélas! fermer mon cœur.

LE COMMANDEUR.
Adieu, Monsieur!..

PASCARELLO.
Est-il possible!..
Eh quoi! rien ne peut vous fléchir?..
Briser un si bel avenir!..

LE COMMANDEUR.
Je ne puis rien, le sort est inflexible...

PASCARELLO.
Eh bien, tremblez!.. je parlerai..
Le mystère!.. je le dirai!..
Bientôt je le dévoilerai...
Non, non, rien ne m'arrêtera;
Tremblez, tremblez, ce secret-là,
Oui, tout Florence le saura.

ENSEMBLE.
LE COMMANDEUR.
C'en est trop!.. craignez ma colère.
J'ai bien voulu vous écouter,
Mais je saurai vous faire taire,
N'espérez pas me résister!..

PASCARELLO.
Je ne crains pas votre colère!..
Sur vous j'espère l'emporter.
Rien ne pourra me faire taire;
Et je saurai vous résister.

LE COMMANDEUR.
Vous vous tairez!... à la moindre imprudence,
Point de clémence
Et de pardon,
Vous irez mourir en prison!..

PASCARELLO.
En prison?..

LE COMMANDEUR.
Je vous offre encor l'indulgence,
Mais silence!
Ou point de pardon!

ENSEMBLE.
LE COMMANDEUR.
Taisez-vous, craignez ma colère;
Avec moi n'osez pas lutter!
Car je saurais vous faire taire!
N'espérez pas me résister!

PASCARELLO, *à part.*
Que faire, hélas! mon Dieu, que faire?..
Avec lui, comment l'emporter?..
Ah! je le vois, il faut me taire!..
Et je ne puis lui résister...

(*Le Commandeur sort.*)

SCÈNE VI.

PASCARELLO, *seul, abattu.*

Il a raison... trahir son secret, n'arrêterait pas Paula au couvent!... Moi, on me ferait disparaître... Mon pauvre Gaëtano!... Il serait seul au monde!... qui le consolerait dans son désespoir?... (*Désignant la chapelle.*) il est là! il attend plein d'espérance!... il croit que je l'emporterai... Comment lui apprendre?... il va jeter des cris de désespoir... C'est à en perdre la tête?.. (*Il s'assied sur un banc, la tête entre ses mains.*)

SCÈNE VII.

PASCARELLO; GAETANO, BARBARA, *sortant de la chapelle.*

BARBARA, *à demi-voix.* Venez, venez, votre parrain est seul.
GAETANO, *bas.* Regarde!... Il paraît accablé, tout est fini!...
BARBARA. Peut-être... qui sait?.. attendez avant de vous désoler... (*Allant à Pascarello.*) Eh bien!... ce seigneur?..
PASCARELLO, *embarrassé et prenant un air d'assurance.* Ah! ce seigneur?... nous avons causé!...
BARBARA, *vivement.* Et il consentirait?...
PASCARELLO. Pas encore!... mais je lui ai porté des atteintes assez vigoureuses .. il est vrai qu'il m'a répliqué par des arguments positifs... (*A part.*) La prison!... la forteresse!..
BARBARA. Mais, enfin, qu'avez-vous décidé?.
PASCARELLO. Nous avons décidé... que nous ne sommes pas tout à fait du même avis... mais avec le temps...
GAETANO. Le temps, parrain!.. Ne cherchez pas à m'abuser encore... je vous ai compris!..
PASCARELLO. Vraiment!.. tu vois que...
GAETANO. Oui, je vois qu'il n'y a plus d'espoir.
PASCARELLO. Mais tu auras du courage?.. (*Lui prenant la main.*) Tu en auras, n'est-ce pas?..
GAETANO. Oui, mon parrain, oui!..
PASCARELLO. Bien vrai?..
GAETANO. Pour vous le prouver, j'exécuterai ce morceau pour la cérémonie qui va avoir lieu... là, dans un instant... (*Il désigne la chapelle.*)
BARBARA. Comment, signor Gaëtano, vous aurez la force?..
PASCARELLO. Pourquoi pas?... C'est bien, ce qu'il veut faire... c'est d'un artiste, d'un véritable artiste!..
GAETANO, *à part.* La voir encore une fois... et puis...
BARBARA, *bas à Pascarello.* Il paraît vouloir bien prendre la chose.
PASCARELLO, *de même.* J'avais une peur horrible de quelque coup de tête!..
GAETANO, *avec douleur.* La cérémonie va commencer, je vais me mettre au pupitre... Au revoir, parrain, au revoir!
PASCARELLO, *le conduisant jusqu'à la cha-*

pelle. Va, mon garçon, va!.. montre-toi supérieur à l'infortune!

GAËTANO, *revenant et serrant les mains de Pascarello.*) Adieu, parrain... adieu!.. (*Il entre dans la chapelle.*)

PASCARELLO. Barbara, suivez-le donc, pour tenir le soufflet de l'orgue.

BARBARA, *de mauvaise humeur.* Comme c'est amusant!..

PASCARELLO. En voilà une qui n'a rien d'artiste!.. Allez, ma chère, allez souffler avec force et surtout avec grâce... (*Barbara entre dans la chapelle.*)

SCÈNE VIII.

PASCARELLO, *seul.*

Dieu soit loué!.. je suis moins inquiet... Gaëtano, je n'en doute pas, surmontera ses peines, et avec le temps, il peut oublier Paula... Est-ce que tout ne s'oublie pas?.. Eh! mon Dieu! à son âge, je voulais me jeter à l'eau trois fois par semaine... Et puis, le théâtre, les émotions qu'il donne... tout cela le guérira bientôt, je l'espère!.. J'ai besoin d'en être sûr!

SCÈNE IX.

PASCARELLO, BARBARA.

BARBARA. Monsieur...

PASCARELLO. Eh bien! Barbara, vous n'êtes pas au soufflet!..

BARBARA. Au soufflet!.. Quand on me donne une commission, il faut bien que je la fasse!..

PASCARELLO. Quelle commission?..

BARBARA. Ce billet que Gaëtano a écrit au crayon.

PASCARELLO. Pour qui?

BARBARA. Pour vous.

PASCARELLO. Que peut-il avoir à me dire?

BARBARA. En lisant, vous le saurez.

PASCARELLO, *lisant.* « Mon parrain, pardonnez-moi! Paula va m'être enlevée pour toujours; je n'ai plus ma raison; vivre sans Paula, c'est impossible... »

BARBARA. Ah! mon Dieu! maintenant je me rappelle son agitation en me remettant cette lettre..

PASCARELLO, *continuant.* « Dès qu'elle entrera dans le chœur de l'église, moi du haut de « l'orgue, sur les dalles de la chapelle... »

BARBARA. Le malheureux!..

PASCARELLO, *hors de lui.* Gaëtano!.. lui!.. si jeune!.. si plein d'avenir!.. Mais non!.. cela ne sera pas!.. cela ne peut pas être... je vais courir à lui... le prendre dans mes bras!.. le supplier... je le forcerai bien à renoncer à ce cruel projet! Gaëtano, mon fils! mon enfant!.. Venez, Barbara, venez!..

BARBARA. Je me souviens! il a fermé la porte qui conduit à l'orgue.

PASCARELLO. Eh bien! cette porte, il faut la briser!.. Venez, venez!.. (*Il s'élance vers la chapelle, fait quelques pas, puis s'arrête tout à coup.*)

BARBARA. Qu'avez-vous?

PASCARELLO, *d'une voix faible.* La force m'abandonne... je n'ai plus qu'à mourir aussi!..

(*Il se laisse tomber sur un banc où il demeure accablé. — Musique. L'orchestre joue pianissimo, l'air de la marche religieuse du commencement de l'acte. Les portes du couvent s'ouvrent.*)

BARBARA. Tout est fini!

SCÈNE X.

LES MÊMES, LA TOURIÈRE, LA SUPÉRIEURE, PAULA, LE COMMANDEUR; PENSIONNAIRES, RELIGIEUSES.

FINAL.
CHOEUR.

Le cloître est un asile
Que bénit le Seigneur;
C'est le séjour tranquille
Du calme et du bonheur;
Dans ce pieux asile
Règne la paix du cœur.

PAULA, *à part.*

Plus d'espoir!.. c'est l'instant suprême!...
Hélas!... ils vont tout me ravir!...
C'en est fait! toi, que mon cœur aime,
Il faut bannir
Jusqu'à ton souvenir!
Adieu, bel avenir!
Adieu, doux souvenir!

ENSEMBLE.
PAULA.

Plus d'espoir! c'est l'instant suprême,
Hélas! ils vont tout me ravir!...
C'en est fait! toi, que mon cœur aime!
Il faut bannir
Jusqu'à ton souvenir!

LE COMMANDEUR.

Mon enfant!... c'est l'instant suprême!...
Au ciel vous devez obéir! ..
A Dieu seul, à Dieu qui vous aime,
Il faut offrir
Votre jeune avenir!

LA SUPÉRIEURE, LA TOURIÈRE, LES RELIGIEUSES ET LES PENSIONNAIRES.

Chère enfant!... c'est l'instant suprême!
Au ciel il vous faut obéir!..
A Dieu seul, à Dieu qui vous aime,
Il faut offrir
Votre bel avenir!

BARBARA, *à part.*

Plus d'espoir!... c'est l'instant suprême!
Hélas! ils vont tout lui ravir!
C'en est fait... de celui qu'elle aime
Il faut bannir
Jusqu'au doux souvenir!

(*La Supérieure prend la main de Paula et commence à se diriger vers la chapelle. A ce moment, Pascarello est revenu à lui, par degrés.*)

PASCARELLO, *se levant.*

Qu'entends-je?... où suis-je?... oh! oui... je me rappelle..
A l'instant... là... dans la chapelle...
Elle va prononcer ses vœux!
Et lui?...lui... le malheureux!...

(*Il aperçoit le Commandeur, court à lui, et le ramène sur le devant du théâtre.*)

Grâce pour lui!... grâce pour elle!...

LE COMMANDEUR, *voulant partir.*

Monsieur!..

LE COMMANDEUR.
Point de scandale dans ces lieux!...
Ou tremblez!

PASCARELLO, *apercevant le cortége qui est près d'entrer dans la chapelle.*
Mais il va se tuer à vos yeux!...
(*Se précipitant devant l'entrée de la chapelle.*)
Arrêtez!...

TOUS.
Que dit-il?...

PASCARELLO.
Cet affreux sacrifice,
Je ne veux pas qu'il s'accomplisse!
Et moi seul je l'empêcherai!...

LE COMMANDEUR, *avec colère.*
Et de quel droit?...

PASCARELLO.
Du droit le plus sacré!...
Du droit d'un père!
Paula, Paula!... fille si chère!

PAULA.
Mon père!
(*Elle veut s'élancer vers Pascarello, la Tourière la retient.*)

TOUS.
Sa fille!...

PASCARELLO.
A ton malheur, oui, je m'opposerai...

LE COMMANDEUR.
Vous, Monsieur, vous, son père!

BARBARA, *à part.*
Mais il perd la raison!...

PASCARELLO, *au Commandeur.*
Si je ne suis pas son père,
Répondez! quel est-il? Vous le connaissez donc?
Eh bien! son nom? dites son nom.

LE COMMANDEUR, *à part.*
Que répondre? Ah! grand Dieu! que faire?

PASCARELLO.
Oui, cet enfant qu'avec mystère
On déposa chez vous...

LE COMMANDEUR.
Eh bien?...

PASCARELLO.
C'était le mien!..
Votre bonté tutélaire
Prit soin de la pauvre Paula.
Jamais mon cœur ne l'oubliera!...

LE COMMANDEUR, *prenant Pascarello, à part.*
Mais sa mère! quelle est sa mère?

PASCARELLO, *à part, interdit.*
Sa mère... sa mère?...
Ah! diable!
(*Montrant tout à coup Barbara.*)
La voilà!...

BARBARA.
Que dites-vous là?...
Mais, c'est affreux!

PASCARELLO, *à demi-voix.*
Il faut vous taire!

LE COMMANDEUR, *à part, à lui-même.*
Tout peut être sauvé, grâce à cet aveu-là!

LE COMMANDEUR, *à demi-voix, à Pascarello.*
Mais il faut que Paula puisse nommer sa mère!...
Il le faut..

PASCARELLO, *à part.*
Je suis pris!...

LE COMMANDEUR.
Vous y consentirez...
(*Montrant Barbara.*)
Madame... vous l'épouserez?...

PASCARELLO.
Aïe! aïe! aïe! Eh bien! oui!

BARBARA, *avec joie.*
Quel avenir prospère!
Mais que Gaëtano sache enfin son bonheur!
(*Elle entre vivement dans la chapelle.*)

LE COMMANDEUR, *bas à Pascarello.*
Je vous ai bien compris; j'ai foi dans votre cœur...
Et je compte sur votre honneur!

PASCARELLO.
Comptez, comptez sur mon honneur!
Ce secret mourra dans mon cœur.

SCÈNE XI ET DERNIÈRE.

LES MÊMES; GAETANO, *s'élançant de la chapelle*, BARBARA.

GAETANO.
Paula! Paula! toi qui m'étais ravie!

PASCARELLO.
Elle est à toi, la voilà!...

GAETANO, *avec transport.*
Pour la vie,
Ma compagne et ma seule amie!

PAULA ET GAETANO.
Ah! quel beau jour!...

PASCARELLO, *montrant le Commandeur.*
Bénissez monseigneur...

LE COMMANDEUR, *avec émotion.*
Oui, sur vous, croyez-en mon cœur,
Je veillerai toujours!...

PASCARELLO, *gaîment.*
Ce soir, votre hyménée!

BARBARA, *à demi-voix.*
Le nôtre aussi.

PASCARELLO, *soupirant.*
Chaîne trop fortunée!...
(*A part.*)
Moi, qui croyais à ce dicton menteur :
« Faire le bien porte toujours bonheur. »

CHŒUR GÉNÉRAL.

Maintenant, plus de peine,
Doux lym { nous les } enchaîne.
Ah! pour { nous eux } plus de peine,
Quel heureux avenir!
Vers lui, plein d'espérance,
Déjà { mon son } cœur s'élance,
Le ciel dans sa clémence
voulu { nous vous } unir!...

Paris. — Imprimerie CRAPELET, rue Saint-Benoît.

MAGASIN GÉNÉRAL DE PIÈCES DE THÉATRE

On trouve dans cette maison toutes les Collections de pièces de théâtre anciennes et modernes, ainsi qu'une grande quantité de pièces qui, n'ayant pas été réimprimées, manquent dans le commerce.

RICHARD-COEUR-DE-LION
Opéra-comique en trois actes, paroles de **Sedaine**, musique de **Grétry**, nouvelle instrumentation par M. **A. Adam**. — 50 cent.

ZÉMIRE ET AZOR
Opéra-comique en quatre actes, paroles de **Marmontel**, musique de **Grétry**, nouvelle instrumentation de M. **A. Adam**. — 50 cent.

LE CAQUET DU COUVENT
Opéra-comique en un acte, Paroles de MM. **de Planard** et **de Leuven**, Musique de M. **H. Potier**. — 50 cent.

LA CACHETTE
Opéra-comique en 3 act., par M. **Planard**, musique de **E. Boulanger**. — 1 f.

LE CORBEAU RENTIER
Vaudeville en un acte, par MM. **de Leuven** et **Brunswick**. — 50 Cent.

LES TARTELETTES A LA REINE
Vaudeville en un acte, par MM. **Vanderburch** et **de Forges**. — 50 Cent.

LES BRODEUSES DE LA REINE
Vaudeville en un acte, par MM. **J. Gabriel** et **Dupeuty**. — 50 Cent.

LE MANCHON
Comédie en deux actes, en vers, par M. **Cordellier Delanoue**. — 60 cent.

LES TROIS PORTIERS
Vaudeville en deux actes, par MM. **Dupeuty** et **E. Vanderburch**. — 60 Cent.

LE MOULIN A PAROLES
Vaudeville en un acte, par MM. **J. Gabriel** et **Dupeuty**. — 60 c.

QUI DORT DINE
Vaudeville en un acte, par MM. **Cordelier Delanoue** et **Roche**. — 50 c.

LE PREMIER MALADE
Vaudeville en un acte, par MM. **Vanderburch** et **Marle Aycard**. — 60 c.

LES CANARDS DE L'ANNÉE
Revue de l'année en trois actes, par MM. **Cormon** et **Grangé**. — 50 c.

LA VEUVE PINCHON
Vaudeville en un acte, par MM. **Vanderburch** et **Laurencin**. — 50 c.

LE LION ET LE RAT
Vaudeville en un acte, par MM. **de Leuven** et **P. Vermond**. — 60 c.

LE BRACONNIER
Opéra-Comique en un acte, par MM. **de Leuven** et **Vanderburch**. — 60 c.

WAN-DYCK A LONDRES
Comédie en 3 actes, en prose, par MM. **Michel Carré** et **Narrey**. — 60 c.

LES DEUX ANGES GARDIENS
Vaudeville en un acte, par M. **Deslandes**. — 60 c.

IL SIGNOR PASCARELLO
Op.-com. en 3 actes, par **Leuven** et **Brunswick**, mus. de **H. Potier**, 60 c.

LE MOBILIER DE ROSINE
Vaudeville en un acte, par **de Leuven**, **Brunswick** et **Siraudin**. — 60 c.

Imprimerie Claye, Taillefer et Cie, successeurs de H. Fournier, rue Saint-Benoît, 7.

www.ingramcontent.com/pod-product-compliance
Lightning Source LLC
Chambersburg PA
CBHW060626050426
42451CB00012B/2451